よりよく
生きるということ

Erich Fromm
エーリッヒ・フロム［著］

The Art of Being

小此木啓吾［監訳］
堀江宗正［訳］

第三文明社

監訳者まえがき

小此木啓吾

少しでもより速く、より多くの情報を得たい。少しでもより多くの利潤をあげたい。よりよいものを次々に限りなく手にしたい。よりよい自己の身体と生命を所有したいという衝動が高齢社会を生み、よりよい自己の所有を求める欲望が自己愛人間社会をつくり出す。この衝動が他のすべての人間的なものを越えて人々を駆り立てる。それは、限りなく肥大化し、全人間的な幸せも自分らしさも押し殺してしまう。いま、私たちは、まさにこの衝動によってフロムの言う自己疎外《そがい》に陥っている。

本書は、この現代の精神状況の到来に予言者的な危機感を抱いたフロムが残したわれわれへの遺稿であり、自己存在の覚醒《かくせい》を促す警告の書である。

かつてフロムは、現代のテクノロジー社会の至上原理として、①技術的に可能なものは何でもいいから実現しなければならない、②すべての行動の基準は最高の効率で最大の生産性を発揮する、の二つをあげ、その圧倒的なパワーが人間の心に及ぼす影響を説いた。このテクノロジー社会に適応しなければならない人間はすべて所有——消費人間になる。より多くを購買し、より多くを消費することがすべての人間である。彼らは、次々に提供される目新しい商品をひたすら消費していく。この強《し》いられた受身性は、やがて人間らしい能動性、批判的な思考能力、人との愛の関わりの喪失《そうしつ》をもたらし、人々に無力感、孤独感、不安、倦怠《けんたい》を引き起こす。そして、産業が押しつけるままにテレビ、コンピューター、スポーツ、イベントによって倦怠をまぎらわそうとするが、ますますそれは無気力な同調性をつくり出す。やがては、よりよい自分を持つこと（自己愛）の欲望を満たすことをひたすら求め、人との関わりからひきこもり、コンピューター・インターネットへの閉じこもりを招き、その結果、すべてが情報化されてプライバシーを失い、誰もが主体性を失った操作される人間になっていく（『希望の革命』一九七〇）。

このフロムの批判的な予言は、いま私たちにますます身近なものになった。しかも、それにもかかわらず私たちは、この身の上に漠然と気づきながらも、その混迷からどう脱出してよいかわからない。

そしてフロムは、このような持つこと、消費することをひたすら求める人間のあり方に対して、より創造的、生産的な自己感を抱き、理性的に思考し、人との愛に生きる生き方、自己の能力を能動的に発揮し、主体としての自己を実感し確信できる生き方の回復の道を探り、「持つこと」の様態に対峙《たいじ》する「在ること」（being）の様態を提起する。

実は、それぞれの時代・社会における社会的性格を批判的に認識し、その批判を通して人間主義的な主体性を回復する方法を説く作業の積み重ねがフロムのライフワークであった。

　若きフロムはかつて、フランクフルトを中心にしたフロイト左派と呼ばれる革新的な社会思想の担い手であった。それは、フロイトとマルクスの統合を介して現代資本主義社会の批判的分析を行うとともに、回復すべき主体のあり方についての指針をフロイトの人間理解に求めた。ホルクハイマー、マルクーゼ、フロム、アドルノなどのフランクフルト学派が形成されたが、やがてフロムは米国に亡命し、そこでさらに精神分析の臨床に社会文化的視点を導入したカレン・ホーナイ、フロム＝ライクマン、サリバンなどとともに、いわゆるネオフロイト派を形成した。

　私たちの世代にとってフロムとの最初の出会いは、この社会的性格論の手法の原点となったあの有名な『自由からの逃走』（一九四一）だった。近代社会では個人の自由と孤独が意識的には自明のものになったが、無意識的には中世以来の権威主義的なマゾヒズム的依存が根強く存続し、人々は自立への不安と権威への憧憬《しょうけい》による権威への献身を求め、この権威主義的な心性が大衆のファシズム化への温床となった、という。このファシズム心理の分析に私たちの世代は、戦後の自分たちの自己認識にとって決定的とも言えるほどの感銘を受けた。そしてこの手法は『希望の革命』（一九七〇）における現代テクノロジー社会への批判となり、やがて、『生きるということ』（一九七六）、そして本書で説かれる「持つということ」と「在るということ」という二つの人間の様態の分析に立脚した現代社会の人間の心に対する批判的な予言者としての認識と警告へと発展したのである。

しかし、フロムのもう一つの歩みがある。それは、フロイトとの出会いによって得たフロイト理解にその基礎を置く人間の主体性回復の方法を探求することである。フロムによれば、フロイトの精神分析は西洋のヒューマニズムと合理主義の頂点を意味する思想史的な営みである。知性によって無意識的情念を支配することを目指し、自己洞察による自己統制の道を示した。自分自身を知ることによって自己変革することこそフロイトの精神分析の目標であった。しかも、フロイトは、一人の人間を二年、三年と長期にわたって分析したように、それは、個人尊重という点で現代のモノ的な尺度を越えた人間の最良の状態（well-being）を究極のものとして追求した。

実はフロイトは、精神医学的な神経症の治療という装いをはるかに越えた哲学的倫理的目標に目を向けていたのだ。精神分析は病気の治療法として始まったが、単に病気がない状態を目指すだけではなく、次第に、よりよく生きる最良の状態（well-being）の実現を目指す心理的な方法へと移行していったのだ。そしてこのフロイトが開拓した道を受け継ぎ発展させるのが、フロムの言うヒューマニズム的精神分析である。この意味での精神分析が目指すものは、フロムが『精神分析と宗教』（一九五〇）で明らかにした人間主義《ヒューマニズム》的な宗教の目標と一致する。たとえばそれは、鈴木大拙などに見られる禅仏教の目指すところとも多くの一致点があるとフロムは言う。そして、この人間の主体性に関するヒューマニズム的見地が、実は彼の社会的性格論の批判的な機能の主体的基盤をなしている。

なぜ、前著『生きるということ』に引き続いて本書『よりよく生きるということ』が刊行されねばならなかったのか。その理由は、いま述べたフロムのヒューマニズム的精神分析の歩みの発展上に本書を位置づけることによって明らかになる。実は、『生きるということ』を執筆当時、フロムはすでに本書の原稿を書いていたという。しかし、前著ではむしろ、持つ様態をつくり出す産業社会の現実の変革を思考する著作としてそれを位置づけ、本書によってむしろその社会の中で生きる私たちの存在への様態を、個々人が主体的にどのように回復し実現するかを説く著作として意義づけようとしたのである。

それだけに本書の原題が「存在の技（The Art of Being）」と名付けられているのは、まさによりよく生きること、最良の状態へ向かうために個々人がどのような心的な方法を用い、かつ体験することが可能かに力点が置かれているためである。そこでは、この種の心的なニーズそのものをさらに商品化したまやかしの、努力なし苦痛なしの気楽なストレス解消や自己啓発産業などに厳しい批判を加えた上で、存在の様態への本もののステップを明らかにする。

そこでは、気づきや瞑想《めいそう》などの真摯《しんし》な「行」も説かれているが、フロムがここで最終的に勧めているのは、彼の言う「セラピー超越的な精神分析」である。かねてから追求してきたフロムのヒューマニズム的精神分析は、ここで、彼の言う「セラピー超越的な精神分析」という究極的な形に結晶化された。

すでに述べたように、それは、単なる神経症的な治療を越えた、もっと本質的な人間の心の自己洞察と、人間性の実現を限りなく求める精神分析である。しかも、抽象的な理念としてだけでなくて、本書ではその実践の方法が説かれている。たとえば、最初十回ぐらい分析家との間で「抵抗」についての実感を持ち、精神分析的な自己洞察の方法のモデルを身につけた上で、あとは具体的に自由連想や夢などの自己分析を介して実践していく自己分析の方法がとても具体的に説かれている。

たしかにフロムの言うように、ある意味でフロイトの精神分析は、フリースという親友との間の二八四通による書簡に描き出された夢や幼児期体験の回想に関する自己分析（一八九六―一九〇〇）によって創始されたのであるが、この自己分析の方法を被分析者との間で体験し直し、それが伝承されたのがいわゆる精神分析治療であり、その核心部分の自己分析の術を、精神医学や臨床心理学の枠を越えた、より多くのより広い人々が、セラピー超越的な精神分析という形で主体的に体験し、実践する方法をフロムは説くのである。

この件については、分析者と被分析者の関係性による精神分析治療のわが国における代表者というべき私も、ここでフロムの勧めるセラピー超越論的精神分析にはそれなりの独自の意義があるとも考える。あえて但し書をつけるなら、あくまでもそれは、よりよい最良の状態を目指す営みとしてであって、もしも治療としての精神分析（心理療法）が必要かどうかが疑われるときには、一応は精神医学的な診断によるチェックを経た上でそれを行ってほしいと思う。

フロイト自身もみずからの体験に言及して自己分析の意義を説いている場合もあるが、分析者による治療法としての精神分析を確立するとともに、その必要性を説くことのほうが優先されるようになったきらいがある。そもそも自己分析のすすめは、K・ホーナイとの関わりがフロムに影響していると思う。なぜならば、フロイト以後の精神分析家の中で、『自己分析』という著作まで著して最も系統的にその意義を説いた精神分析家はホーナイだからだ。そして、米国でフロム＝ライクマンと別れたあと、フロムにとってホーナイはある時期、最愛の人であった。

終わりに、人間フロムへの私の思いに一言触れると、本書がロカルノで書かれたことを知って、私には何かホッとした気持ちがある。若いころのあこがれのヒーローだったフロムの晩年が、どんなだったかかねてから知りたいと思っていたからだ。ところが、フロムは晩年、ロカルノで暮らし、本書を著したという。実は私にはロカルノという地に特別な親近感がある。私はマッターホルンが好きで、しばしばツェルマットに滞在する。その帰路、スイスのイタリア側に下ることがある。とりわけドモモソーラからロカルノまでの地方電車の雰囲気がとても好きだ。イタリア側に来ると風光がガラリと明るく変わる。穏やかで、暖かい陽光の風土になる。そして、この風土の中、湖のほとりの静かな町ロカルノは、フロムがこの本を執筆するのにとてもふさわしい環境だったと思う。そんなふうに、この地におけるフロムの晩年の境地を察して私の心も安らぐのである。

いま、二十一世紀を迎える現代社会は、持つことの様態に駆り立てられ、ますます異様な自己疎外の様相を呈している。それだけにわが国の読者各位が本書によるフロムとの出会いによる自己洞察を通して、よりよく生きることの指標を発見なさることを期待する。

終わりに、すぐれた訳業によって日本の読者に、フロムとの出会いの貴重な機会を作られた訳者・堀江宗正氏に心からの敬意を表します。

二〇〇〇年一月

編者序文

ライナー・フンク

本書の成り立ち

一九七四年から一九七六年までのあいだ、エーリッヒ・フロムは、スイスのロカルノにある家で著作『生きるということ』〔*To Have Or to Be?*〈持つ〉べきか〈在る〉べきか〕に取り組んでいた。この本は一九七六年に出版されたが、実はこのとき、実際に使われたよりもはるかに多くの草稿と章が、老フロムによって書きためられていた。それらの章のいくつかを編んだのが本書である。そこで扱われているのは、主に「〈存在〉へのステップ」であった。つまり、それをたどることで、「〈存在〉の技 the art of being」が習得されるような、さまざまな段階が扱われていたのである。

フロムは、『生きるということ』の活字組みの直前に、タイプ原稿から「〈存在〉へのステップ」に関する諸章を取り除いた。というのも、彼の本の意味が、次のように誤解されてしまうのではないかと思ったからである。すなわち、〝各人は、〈持つ〉様態をつくり出す経済的現実を変えなくても、自覚と発達と自己分析を通して精神的な健康を探し求めさえすればそれでよい、い、のだ〟と。〈所有〉指向は、どんなモノでもある豊かな社会に典型的な特徴であるが、この大衆的な広がりをもった現象の根っこは、むしろ近代産業社会の経済的・政治的・社会的現実、とりわけ労働の組織化と生産の諸様式にあるのだ。

実際、われわれの〈所有〉指向は、今日の産業文化の構造的な現実に根差している。しかしながら、そうした事実にもかかわらず、この現実の克服は、人間自身の心的・知的・身体的な力が再発見されるかどうか、人間の自己決定がどの程度可能かということにかかっているだろう。現時点にいたって「〈存在〉へのステップ」が刊行されるのは、このような理由からである。それらは、生産的な自己認識〔自覚〕self-awareness へのガイドとなるよう意図されている。

自己に気づいたり、実感したり、それを実現したり、発展させたりするなどということは、ほとんど必ず、自分自身の主体的な力の強化以外の何かを意味するようになってきている。それは、最近のさまざまな流行からはっきりと分かる。今日では、個人のナルシシズムが広まっており、またひたすら強まってもいる。理性的に考え愛する能力（フロムによればそれは〈存在〉指向の特徴である）の欠如《けつじょ》は決定的である。このことは、自己認識のさまざまなテクニックが開発され、それが〈所有〉指向の新しい支えになっているということからも明らかである。

〈所有〉指向の生き方

かつて『生きるということ』でなされた発言のいくつかを、以下に要約しておこう。これを読めば、『生きるということ』を読んだかわりになるというわけではない。むしろ、その本を読んだ読者すべてにそのもっとも重要な思想を思い出してもらうための要約である。

エーリッヒ・フロムは、〈所有〉か〈存在〉かという選択肢を次のように理解した。「実存の根本的な二様態、自己と世界への指向性の二つの異なった種類、性格構造の二つの異なった類型であり、どちらが優位であるかによって、その人の思考・感情・行為の有り様が決まる」（『生きるということ』、二四頁、邦訳三四頁）。ある人がその生活を方向づける際にとりうる流儀としてはどのようなものがあるだろうか。そのすべての可能性を調べ上げれば、次のような結論にたどり着くことになる。すなわち、結局のところ、人は〈所有〉か〈存在〉かのどちらかにみずからの生を方向づけるのだ、と。

それでは、誰かが究極的に〈所有〉に向かってみずからの生活を方向づけていると言うとき、それはどのようなことを意味するのであろうか。

みずからの生を〈所有〉へと方向づける人は誰でも、自分が何を持っているか、何を持ちうるか、そしてさらに何を引き出しうるのかということに基準を置いて、自分自身、その実存、生の意味、生き方を規定する。〈所有〉の対象になりえないもの、そして〈所有〉の欲望の対象になりえないものなど、ほとんど皆無である。そうした〈所有〉の対象とは、あらゆるタイプの物質的なもの、つまり自分自身の家、金、株、美術品、本、切手、コインなどなど、ある種の「コレクター的情熱」によって集積されるようなモノである。このような〈所有〉の対象になりえないものなど、もうほとんど存在しなくなるのである。

人でさえも、〈所有〉の対象あるいは〈所有〉の欲望の対象になりうる。もちろん、〝誰かある人を所有している〟とか、〝その人を自分の所有物と考えている〟などと言われることはないだろう。この点に関しては、ずっと「思いやりが深い」というか「思慮深い」のであって、むしろ〝私は他の人のことを気づかっている〟とか、〝責任を負う〟などといった言い方のほうが好まれるのである。だが、よく知られているように、他者に対する責任を〈持つ〉人は誰でも、他者を好きなように遇する権利をも〈持つ〉ものなのである。そういうわけで、子ども、障害者、老人、病人、世話を必要としている人などなどは、所有されているのであり、みずからの自己の一部分として考えられることになり、そして――何たることであろう！　――だからこそ、病人は健康になるべきであり、子どもは自分で自分のことを決めたがるようになるべきだというのである。ここでの〈持つ〉様態の圧倒的な優位性は明らかである。

他の人々が「所有」されるというだけでは不十分であるようだ。われわれはみずからの生き方を決めるために、徳や名誉を、身にまとったり獲得したりせねばならないのである。問題になるのは、ただただ、評判、確かなイメージ、健康、美しさ、若さなどを〈持つ〉ことであり、それが不可能なら、少なくとも「経験」や「記憶」が〈所有〉されねばならない。政治的・イデオロギー的・宗教的な確信も、所有物として獲得されるのであり、ときには流血に至るまでに、頑《かたくな》に守られることがある。真理を所有しているかどうか、あるいは正義を行使できるかどうか、それがすべてを左右する。

こうして、みずからの生き方を〈所有〉へと方向づけるとき、ほとんどあらゆるものが所有可能なものになる。ここで問題となっているのは、あるものを〈所有〉しているかどうかということではない。そうではなく、その人の心が、〈所有〉されるモノに執着しているかどうかが問題なのである。非所有への指向も、また〈所有〉指向の一つとなる。フロムは禁欲主義を唱えているわけではない。〈存在〉指向と、「非所有」指向は、厳密には同じではないのだ。つねに問われるべきは、人生の目的を決定する際に、そして自分自身のアイデンティティを規定する際に、〈所有〉ないし非〈所有〉がどのような位置を占めているかということである。誰かが何かを所有するというとき、〈持つ〉実存様態において所有しているかどうかを見分けることは、しばしば困難である。あるいは、フロムの言葉を引けば、「所有などしていないと見せかけながら所有」しているかどうかを見抜かなければならない。だが、誰でも次のような仕方で自分を省みれば、即座に自分自身をテストすることができる。自分がとりわけ価値あると認めるものは何だろうか。まずこのことを自問する。そして、重要なもの、価値あるものをなくしたらどうなるか、考えてみる。足もとから基盤をなくしてしまうだろうか。生が無意味なものになってしまうだろうか。そこで、もし自己への信頼も（自分自身に備わっている）自己の値打ちも感じられなくなってしまうとしたら、もし生と仕事が何ものにも値しないということになってしまうとしたら、あなたは〈持つ〉指向性に従って生を規定しているのだ。つまり、すばらしい職業、従順な子ども、よい人間関係、深遠な洞察力、ずばぬけた弁舌などなどを〈所有〉するという指向性に従って、生きているのだ。

〈所有〉に方向づけられている人は、自分自身の足よりも松葉杖を使って立とうとする。そのような人は、実存するということ、すなわちみずからが望むような自分自身になるということのために、自分の外部にある対象を用いる。何かを〈持つ〉かぎりにおいて、その人は自分自身たりえるのである。個人は客体《オブジェクト》の〈所有〉に依拠して、主体《サブジェクト》としての〈在り方〉を決める。そのような個人はさまざまな対象《オブジェクツ》によって所有されているのであり、したがってそれらを〈持つ〉という目標《オブジェクト》によって所有されているのだ。

〈存在〉指向の生き方へ

自分の足の代わりに松葉杖で立つという隠喩《メタファー》は、またもう一つの指向性の意味、すなわち〈在る〉指向の意味するところをも明らかにする。人は、独立独歩するための身体的能力（それは必要とあれば松葉杖に置き換えられることもあるのだが）とまったく同様に、独立独歩するための心的能力をも持っているのである。すなわち愛の能力、理性の能力、生産的な活動の能力などである。だが、それら本来備わっている心的な権能を、〈所有〉指向に置き換えるということもまた可能である。つまり、愛・理性・生産的活動の能力があるかないかは、心の執着する対象、〈持つ〉べき対象を所有しているかどうかによるといった具合にである。愛・理性・生産的な活動とは、実践すればするほど生起し生長するような、自分固有の心的な力のことである。それらは〈持つ〉対象のように、消費され、購買され、所有されるものではない。ただ、実践され、行使され、試みられ、実行されるだけのものなのである。〈持つ〉対象が使い終わると同時に消耗されてしまうのとは対照的に、愛・理性・生産的な活動は、共有され使用されることによって成長し増大するようなものなのである。

〈存在〉指向とは、つねに次のことを意味する。つまり、人生の目的が自分自身に固有の心的な力へと方向づけられている、ということである。自分自身や外界のなかに存在する未知なるもの疎遠なるものも自分独自の自己の性格特徴であるという事実、それが、認識され、熟知され、消化されるようになるのである。このことを学ぶと、人はみずからの自己や環境と、より豊かでスケールの大きい関係を取り結ぶことができるようになる。

『生きるということ』においてフロムが出発点としているのは、次のような観察である。今日の〈所有〉指向は大衆的広がりを持った現象であり、その基盤は、社会があまりにも多くのものを〈持って〉おり、そのために社会自体を〈所有〉によって決定ないし規定されるにまかせておけばよいという誘惑に屈服してしまっているという経済的・社会的な現実である、と。個人自身の心的な力が大幅に失われているということは、今日の経済、今日の労働者組織、今日の社会生活の構造がどのような有り様かを見れば明らかである。

個人の運命を決するような発達の基盤は、何よりも、人々が偶然置かれているこの社会的経済的状況にある。そうであるなら、これらの基盤から出発して、個人をつねに社会化されたものとして理解するというのは正当なことである。だからこそ、フロムは「〈存在〉へのステップ」に関する諸章を、構造変革のための提案と取り替えたのである。そして、だからこそ、〈所有〉指向から〈存在〉指向へと転換しようとする個人の努力が意味をなすのは、それらの努力が同時にその人自身の置かれている環境の構造を変革するときに限られる、としたのである。職業的活動、自分自身の仕事の組織化、そして政治的・社会的自己認識のなかで、自分自身の社会経済的な生活様式を導いている価値観が変わらねばならない。それも、理性・愛・生産的活動に関わる自分独自の心的な力が真に経験できるように、しかもそれらの権能が使えば使うほど成長するような仕方で。自己認識と自己開発を達成しようとする試み、内的および外的な現実と真に対応するような自分と世界についての見解を成就させようとする試みは、われわれの社会経済的な生活様式の解放と結びついているのである。実際、著者は『生きるということ』のなかでこう言っている。「生の実践がその矛盾と非合理性からどれだけ自由か、その度合いに応じてのみ、地図が現実と対応しているかどうかが分かる」。

この巻でも、エーリッヒ・フロムは自己認識の誤った道をまず明示する。ちょうど数年前、教師としての情熱を込めて、それらをはっきりと誤ったものとして認識し、同定したように。だが、彼はそのうえで、自覚〔自己認識〕を増す方法を教示し、彼自身が日ごろ実践していた〈存在〉へのステップを私たちにも開陳《かいちん》してくれる。そこでは、精神分析の応用としての自己分析に、非常に大きな注意が払われている。この著作は、今回はじめて読むことが可能になるものであり、フロム自身によって出版が準備されていたわけではない。それゆえ、必要に応じて章の見出しだけでなく、テクストを分割したり体系化するなどというかたちでも、手を加えねばならなかった。

一九九二年　テュービンゲン（ドイツ）にて

目次

装幀　熊澤正人

凡例

★原文イタリック部分には傍点を付した。ただし、英語以外の言語で書かれているためにイタリック字体となっているものは除く。また、ルビが必要になったものに関しては、傍点を付す代わりに〃　〃の記号でくくった。

★大文字で始まっている単語は、〈　〉でくくった。ただし、〈存在〉と〈所有〉は除く。また、大文字で書き始めるのが慣例となっている単語も除く。

★〔　〕でくくったものは、訳者による補足である。

★〃　〃の記号は、読者の理解のために訳者が補ったものである。

★注の冒頭に〈訳注〉とあるものは訳者による訳注で、それ以外のものは著者による原注である。

エーリッヒ・フロム

よりよく生きるということ

小此木啓吾　監訳
堀江宗正　訳

第一部　〈存在〉の技について

第一章　〈存在〉の技について

本書〔当初フロムの構想していた書物のこと〕の第一部〔『生きるということ』〕では、持つ様態と在る様態という二つの実存様態の性質について記述し、それぞれが支配的になった場合にそれが人間の良き生 well-being にどのような結果をもたらすか説明した。結論は、人が完全に人間となるためには、所有中心から活動中心へ、利己性・自分中心主義から連帯・愛他主義へと突破《ブレイクスルー》する必要があるというものであった。本書の第二部〔『よりよく生きるということ』〕においては、いくつかの実践的な提案、段取りについての提案をしておきたい。それは、以上に述べたような仕方で人間的になろうとする際に、その準備として役立つようなものである。

生をめぐる問い

生きる技の実修における諸段階について論じるのなら、次のような問いからはじめねばなるまい。生きる目的とは何か。人間にとって生きるとはどういうことを意味するのか。これらの問いに対する答えいかんによって、すべての実践が左右される。

だが、この問いは本当に意味ある問いだろうか。生きたいと思うのに理由などあるのだろうか。そのような理由がなかったら、われわれは生きようとはしないのだろうか。事実、すべての生き物、動物と人間は、生きたいと欲するものである。そして、この願望が力を持たなくなるのは、耐えがたい苦痛などといった例外的状況においてのみであり、あるいは（人の場合）愛、憎しみ、自尊心、忠誠心などといった情熱のほうが生きたいという願望より強力であるような場合に限られるのである。どうやら、自然――あるいはお望みなら進化のプロセス――は、生きとし生けるものに、生きたいという願望を授けたようだ。そして、その人が自分の生きる理由はこうだと信じ込んだとしても、そのようなものはすべて二次的な思想にすぎないようだ。つまり、それによって、この生物学的な仕組みによって与えられた衝動を合理化しようとする試みにすぎないようなのだ。

もちろん、進化という理論的観念を認める必要がある。同じような考えを、マイスター・エックハルトは、もっとやさしく詩的な言い方で示している。

善良なる人に「あなたはなぜ神を愛するのか」とたずねれば、こう答えられるだろう。

「さあ――神さまが神さまであるからじゃないか！」

「あなたはなぜ真理を愛するのか」

「真理のためだよ」

「正義を愛するのはなぜ」

「正義のため！」

「あなたはどうして善を愛するの」

「善のためにきまってるじゃないか！」

「それでは、あなたはなぜ生きるのか」

「わたしの名誉にかけても、わたしゃそれを知らない――生きるのが好きなんだ！」

(*Meister Eckhart: A Modern Translation* 1941, p.242)*


われわれが生きたいと思うこと、生きるのが好きだということ、これは説明を要さない事実なのだ。だが、どのように生きたいのか――つまり、人生に何を求めるのか、自分にとって人生を意味深いものとするのは何か――と問われるなら、これはとりもなおさず、万人が千差万別の答えをするような問いになる。愛が欲しいと言う人もいるだろうし、権力を選ぶ人もいるだろうし、安心感だ、官能的な喜びや慰《なぐさ》めだ、名声だ、などと言う人もいるだろう。しかし、ほとんどの人は、自分たちが望んでいるのは幸福だという言葉に同意するであろう。これはまた、哲学者や神学者のほとんどが、人間の努力の目標であると宣言してきたものである。しかしながら、このように異なる、そして多くの場合お互いに敵対し合うような内容の見解を、いましがた述べたように、さまざまな幸福として一括してしまうとしたら、そのような幸福は、一つの抽象だし、したがって役に立たないものとなるであろう。問題は、「幸福」という言葉が何を意味するのか――哲学者だけでなく凡人にとっても――それを検討するということである。

さまざまな幸福概念のなかでも、多くの思想家によって共有されてきた見解が一つ残っている。すなわち、われわれが幸福になるのは、われわれの願望が満たされたとき、あるいは別の言い方をするならば、欲しいと思うものを〈持った〉ときである、と。さまざまな見解のなかで違いが出てくるのは、次のような問いに答えるときである。「幸福がもたらされるのは、どのような欲求の充足によってであろうか」。こうしてわれわれは、生の目的と意味を問うことが人間の欲求の性質の問題へと通じるような地点に達する。

欲求の主観的定義

概して二つの対立する立場がある。第一の立場――今日ではほとんど全面的に支持されてい

＊〔訳注〕邦訳は、上田閑照『人類の知的遺産21　マイスター・エックハルト』（講談社、一九八三年）、三七三―四頁参照。ただし英訳と同一のテクストではない。

る立場——によれば、欲求とは、まったく主観的に定義されるものである。それは、それを欲求と呼ぶ権利があるほどまでに十分にひどく私が欲しがっている何か、その満足が快楽をもたらすような何かを求めて努力することである。この定義では、欲求の源泉が何かという問いはあげられていない。飢えや渇きのように生理学的起源を持つものであるかどうかは、問われていない。腕によりをかけて作った食べ物や飲み物への欲求、あるいは芸術や理論的思想への欲求のような、人間の社会的・文化的発展に根を持つものなのか、ということも問われていない。もしくは、タバコや自動車や無数の機械製品などへの欲求のように、社会的に誘発された欲求なのか、ということも問われはしない。最後に、サディズムやマゾヒズムなどといった行動への欲求と同様の病理的欲求なのか、ということも問われてはいない。

しかも、この第一の見解においては、欲求の満足がある人物に対してどのような影響を及ぼすのかという問いも出されていない。つまり、それがその人の生を豊かにするのか、その成長に資するのか、それともその人を息苦しくさせ、成長を妨《さまた》げ、自己破壊的に働くのか、こうしたことは問題にならないのである。ある人物がバッハを聴きたいという欲望を満たすのを楽しんでいるのか、あるいは無力な人々を支配したり傷つけることによってサディズム的欲望を満たすのを楽しんでいるのか、そのようなことは趣味の問題とされるのである。それが欲求の対象であるかぎり、幸福はこの欲求の満足にあるとされるのだ。通常もうけられる唯一の例外とは、ある欲求の満足が他の人に深刻な害を与える場合、あるいは欲求を満足させるその人自身の社会的有用性に深刻なダメージを与える場合である。それゆえ、破壊欲求や、ドラッグを服用したいという欲求は、その満足が快感をつくり出すとしても、それが正当な欲求であると見なされるようなことは通常ない。

欲求の客観的規範的定義

正反対の（もしくは第二の）立場は、根本的に異なるものである。欲求が人間の成長と良き生をうながすものであるか、それともその人を立ち往生させ、ダメージを与えるものであるか、という問いに焦点があてられる。この立場が主張するのは、人間本性に根差しており、人間の成長と自己成就をもたらすような欲求である。この第二の概念においては、純粋に主観的な性質の幸福は、客観的で規範的な性質の幸福に置き換えられる。人間のためにあり、人間を益するような欲望を成就することだけが、幸福をもたらすものなのである。

第一の例ではこう言われる。「私は自分の欲する快楽をすべて手に入れられれば幸福だ」。第二の例ではこうである。「自己完成を果たすための最適条件を達成したいと思うのであれば、そうである以上、私は自分の欲すべきものを手に入れられれば幸福である」。

この第二の言い方が通常の科学的思考の見地からすれば容認できないものであるということ

は、強調するまでもないだろう。なぜなら、それは視野のなかに、ある規範つまり価値判断を持ち込み、そのためにその主張から客観的妥当性を奪っているように思われるからだ。だが、規範が客観的妥当性を持つということは真ではないのか、という問いが持ち上がる。われわれは「人間の自然的本性」について論じることはできないか。もし論じることができるとすれば、客観的に定義可能な人間の自然的本性から、次のことを仮定できないか。つまり、人間本性の目的は、生きとし生けるものすべての目的と同じく、もっとも完全に機能すること、そしてその潜在的可能性をより十全に実現することである、と。すると、ある特定の規範はこの目的をうながし、別の規範はそれを妨げるということが、結論として出てこないか。

　これは、庭師であれば実によく理解できることだ。バラの木の生の目的は、バラの木のなかに潜在的可能性として備わっているものすべてになるということになる。つまり、その葉はよく生い茂り、その花は、この種から生長することのできるもっとも完全な花になるということが、バラの木の生の目的となるだろう。すると庭師は、この目的を遂《と》げるためには経験的に発見されてきたある特定の規範に従わなくてはならない、ということを悟るに至る。バラの木は、ある特定の種類の土壌、水分、気温、日光・日陰を必要とする。庭師が美しいバラを手に入れたいと思うのなら、これらのものを提供するのは庭師の責務となる。だが、庭師の助けがなかったとしても、バラの木は必要となる最適条件をみずからに提供しようと努力するだろう。水分と土壌については何もできないが、太陽や気温に関しては、機会さえあれば太陽の方向に「屈曲した」かたちに伸びて成長しようとする、などといった努力をおこなうのである。同じことがどうして人間という種についてもあてはまらないと言えるだろう。

人間の成長と機能とを最高度にうながすような規範の根拠について、まったく理論的な知識がなかったとしても、ちょうど庭師の場合がそうであったように、経験が教えてくれる。人類の偉大なる教師たちのすべてが、本質的に同じような生の規範に到達した理由も、そこにある。その規範の本質とは、貪欲《どんよく》と幻影と憎悪を克服し、愛と憐れみを修得すれば、〈存在〉の最適の状態にいたることができるということである。経験的証拠から結論を引き出すということは、たとえその証拠を理論的に説明できないとしても、完全に確固たる基盤を持った方法であり、決して「非科学的」な方法などではない。もっとも科学者にとっては、そのような経験的証拠の背後にある法則を発見するということが、あくまでも理想として保持されるのであろうが。

ところで、人間の幸福に関するいわゆる価値判断がどれもまったく理論的基礎を持たないと主張する人々も、生理学的問題に関しては、同様の異議申し立てをおこなっていない。論理的には問題はさして変わらないのにである。彼らは、たとえば甘いものやケーキをむさぼり、太り、健康がおびやかされているような人がいたとしても、次のようには言わないのである。「食べることがその人の幸福の最上位を構成しているのであれば、それに従ってゆけばよいし、その快楽を断念するよう自分を納得させるべきでもないし、またそのように他人に説得されるべきでもない」と。彼らがこのような主張をしないのは、この渇望《かつぼう》が通常の欲望とは違う何かであるということ、つまり、生体に害を加えるような渇望であるということを認識しているからである。このような認識は、主観的だとは言われない。理由は単純で、過食が健康にどのような影響を及ぼすかが常識的事実になっているからである。それゆえ、このような認識は、価値判断だとか非科学的だなどとは言われないのである。だがそうであるなら、今日では、名声や権力や所有や復讐《ふくしゅう》や支配などへの渇望という不合理な情熱が病理的で破壊的な性格を持っているということも、常識的事実となっているのではないか。そして、実際だれもが、同じような理論的臨床的根拠に基づいて、これらの欲求を破壊的だと認識することができるのではなかろうか。

消化器官系の潰瘍《かいよう》のような「管理職病」のことを考えてみればよい。その原因は、誤った生き方、過剰な野心によってつくり出されるストレス、成功することへの依存、真の人格的中心の欠如などである。そのような誤った生活態度と身体的病気との結びつき云々《うんぬん》を超えたところに、莫大《ばくだい》なデータが存在している。ここ数十年のあいだに、多くの神経学者、たとえばC・フォン・モナコフ、R・B・リヴィングストン、ハインツ・フォン・フォアスターらが示唆してきたところによると、人間には神経学的にしつらえられた「生物学的」意識が備わっており、それこそが、協同や連帯などの規範、真理と自由の探求などが根差す場所なのだということである。これらの着想は、進化論的考察に基づいている。[*] 私自身も、かつて次のことを示そうと試みたことがある。純粋に主観的な欲望の多くが客観的に見ると有害であるのに対して、人間的規範の主要なものは、人間存在の十全な成長のために必要な条件である、と。[**]

生きる目的について――解放と理性の再定義

以下の頁《ページ》において、生きる目的はどのように理解されているか。それは、いくつかの異なるレヴェルにわけて措定《そてい》される。もっとも一般的な定義としては、次のようなものがある。人間本性のモデルにもっとも近接するように（スピノザ）、言い換えれば人間的実存の諸条件に従ってもっともよく成長するように、そしてそのようにしてその人が潜在的にそうであるところのものになるようにと、自己自身を発達させることである。つまり、理性によって理解可能な人間本性というものがあると前提したうえで、理性や経験に導かれながら、〝いかなる規範が良き生を助長するものであるか〟を悟ってゆく、そのようにしながら自己自身を発達させること、それが生きる目的だというのである（トマス・アクィナス）。

* これらの見解についての議論としては、Fromm 1973 を参照せよ。
** 同書ならびに Fromm 1947 も参照せよ。

生きるということの目的と意味をもっとも深く表現したものとしては、「大いなる解放〔解《げ》脱《だつ》〕Great Liberation」という言い回しがある。これは、極東と近東（そしてヨーロッパ）の両伝統に共通して見いだされる。大いなる解放・解脱とは、貪欲（あらゆる形態の貪欲）の支配と錯覚の束縛との両面から自由になるということである。このような二つの側面を持った解放は、インドのヴェーダ宗教や仏教、中国・日本の禅仏教などの体系のなかに見いだすことができる。それは、ユダヤ教やキリスト教でも、より神話的なかたちをとって最高の王としての神のなかに現れている。この解放の思想は、（近東ならびに西洋では）キリスト教とイスラムの神秘家やスピノザやマルクスにおいて、最高の発展を遂げた。これらの教説すべてにおいて、内的な解放——すなわち貪欲と錯覚の束縛から自由になること——は、理性の最高の発達と不可分に結びつけられている。ここでいう理性とは、世界をあるがままに知ることを目指した思考の使用として解される理性であり、それは、自分の欲求を満足させることを目的とする思考の使用としての「操作的知性」とは対照をなすものである。貪欲から自由になることと理性を優先させることとのあいだのこのような関係は、本来的に必然的なものである。われわれの理性は、貪欲に浸《ひた》されていなければいないほど、その分だけよりよく機能するようになるのである。みずからの非合理的な情熱にとらわれている人は、客観的な判断をするための能力を失い、必然的にその情熱のなすがままになる。そして、自分は真理を表出しているのだと信じて、その合理化をおこなうのである。

解放（二つの次元における解放）という概念――生きる目標としての――は、産業社会においては、失われているか、あるいは矮小化《わいしょう》されている。それは要するに歪曲されてしまった。解放という言葉は、外的力からの解放という意味でしか使われない。中産階級にとっては封建制度からの解放、労働者階級にとっては資本主義からの解放、アフリカとアジアの諸民族にとっては帝国主義からの解放といった具合にである。強調されてきた唯一の解放は、外的力からの解放だったし、それは本質的に政治的解放だったのである。*

実際、外的支配からの解放は必要である。なぜなら、そのような外的支配は、ごく少数の個人を例外とすれば内的人間を挫《くじ》くことになるからである。だが、外的解放を一面的に強調することも大きな弊害をもたらす。第一に、解放者自身がしばしば新しい支配者へと変容し、自由のイデオロギーを打ち立てるだけで終わってしまう。第二に、政治的解放は、新しい不自由が発生しつつあるという事実、それも見えないかたちで名前を持たないかたちで発生しつつあるという事実を、隠蔽《いんぺい》してしまうことがある。西洋の民主主義の場合がそうであった。そこでは、

＊　わたしがここで論じているのは、大衆レベルでの概念と感情である。啓蒙主義の哲学をそのモットーである *sapere aude*（「知る勇気を持て」）〔もともとは古代ローマの詩人ホラティウスの言葉〕とともに考察するならば、また哲学者たちの内的自由への関心を考慮に入れるならば、自由の概念は、当然のことながらもっぱら政治的自由だったというわけではないことが分かる。

政治的解放が依存の事実をさまざまな偽装のもとに覆《おお》い隠《かく》している（ソ連では支配はもっと明白である）。もっとも重要なのは、〝人は鎖につながれていなくても奴隷になりうる〟ということが、すっかり忘れ去られているということである。これは、〝人は鎖につながれていても自由になりうる〟という、しばしば繰り返される宗教的言明とは逆の事態である。こちらの言明は、ときに、きわめて稀《まれ》なケースにおいては真である。もちろん、現代においてはさほど重要な意味を持つものではないのだが。しかし、鎖がなくても人は奴隷になりうるということ、このことは、われわれの今日の状況においては決定的に重要な意味を持っている。ただ単純に、人間の外にあった鎖が、人間の内に置かれてしまっただけなのである。社会の暗示装置が、ある欲望と思想を人間に充塡《じゅうてん》し、そしてそれらの欲望と思想が、外的な鎖よりもずっと完全に人間を縛り付けている。このようなことがどうして起こるかというと、人間は少なくとも外側の鎖には気づくことができるけれども、内側の鎖については、自分は自由だという錯覚とともに気づかぬまま引きずり歩くことがあるからなのである。外的な鎖であれば、それを打ち破ろうとすることもできるであろう。しかし、それが存在することにも気がつかないような鎖を自分から取り払うことなど、どうしてできようか。

世界の産業化された部分の危機、おそらくは人類の危機、これは、場合によっては破滅的なものになるであろう。このような危機を克服しようと試みるのであれば、必ずや、外的と内的、双方の鎖の性質について理解するところから出発しなければならない。そのような試みは、近代的・政治的・社会的な意味での人間の解放のみならず、古典的・ヒューマニズム的な意味での人間の解放にも基づいていなければならない。教会は、概して内的解放についてしか語らず、政党は、自由主義政党から共産主義政党にいたるまで、外的解放についてしか語らない。歴史が明らかに示してきたように、あるイデオロギーがもう一つのイデオロギーを排除するだけなら、人間は依存状態や無力な状態のままに放置されることになるのだ。唯一の現実的な目標は、全体的な解放である。この目的の適切な呼称としては、ラディカル・ヒューマニズム（あるいは革命的ヒューマニズム）が考えられよう。

　産業社会においては、解放の概念が歪曲されてきたのとまったく同じように、理性の概念も歪曲されてきている。ルネッサンスがはじまって以来、理性がとらえようとしてきた主要な対象とは〈自然〉であった。驚異的な技術も、新しい科学の結実であった。だが、人間自身は研究対象ではなくなってしまった。もっと最近の、疎外された形態の心理学・人類学・社会学などは、およそ例外であろう。人間は、次第次第に、単なる経済的目標のための道具に格下げされてしまった。スピノザのあと三世紀がたたないうちに、「内的な人間」をふたたび科学の対象とした最初の人物はフロイトであった。とはいえ、フロイトはブルジョワ唯物論*の狭い枠組

＊〔訳注〕マルクスの唯物論とは関係なく成立していた、フロイト当時の医学的・生理学的な唯物論。

によって制約されてもいたのだが。

今日もっとも重要な課題とは、これまで見てきたように、内的および外的の古典的な解放概念を、自然と人間への適用という二側面を持った理性概念（科学と自己認識）とともに、再確立することである。

読者への注意

生きる技を学ぶ際のいくつかの準備段階に関する示唆をはじめるまえに、私の意図について誤解が生じないよう確認しておきたい。もし読者がこの章〔本書〕に、生きる技を学習するための短い処方箋《しょほうせん》を期待して読んでいるのだとすれば、そのような読者は、もうここで読むのをやめたほうがよい。私が提供したいと思うのは――また提供できるのは――読者の答えが見つかるのはどの方向かということに関する示唆だけであり、それらの答えのあるものがどのようなものになるか試しにスケッチをしてみるということだけである。私がこれから言わねばならないことの不完全さについて読者に埋め合わせをするとしたら、ただ次のように述べるだけである。私が語るのは、ただ自分自身が実践し経験してきた方法でしかない、と。

このようにプレゼンテーションの原則を立てることには、次のような意味も込められている。つまり、私は以下の章においてすべてを書き尽くそうとはしないだろうし、いや、予備的実践のもっとも重要な方法についてさえも書こうとはしないだろうということである。他の方法、たとえばヨーガや禅の実修、言葉の復唱による瞑想《めいそう》、アレクサンダーやジェイコブソンやフェルデンクライスのリラクセーション法などには手を付けないでおく。すべての方法について体系的に書くためには、それだけで少なくとも一冊分の本が必要となるだろうし、そのことを度外視しても、私にはそのような概要を書くことなどできない。なぜなら、自分がしたことのない経験について書くことなどできないと、確信しているからである。

実際、次のように言って、いまここでこの章を終わらせてしまうこともできるのである。〈生きることの師〉の書物を読め。そして彼らの言葉の真の意味を理解するよう努めよ。あなたはみずからの生を使って何をやりたいのか、そのことについて自分独自の信念を形成せよ。そして、自分には師など要らない、導きなど要らない、モデルなど要らないという無邪気な考えを乗り越えよ。たった一生涯で、人類のもっとも偉大なる精神たちが幾千年もかけて発見してきたことを見つけだせるなどという、無邪気な考えを乗り越えよ。それらの精神はいずれもみな、その先人たちが彼らに残した石材と見取り図でもって、その建物を建ててきたのだ。生きることの師のなかでもっとも偉大なる者の一人、マイスター・エックハルトも次のように言っている。「生きることと死ぬことの技について、誰からも教わることなく生きることなどどうしてできよう」。

それでも私は、この本をここで終えようとは思わない。偉大なる師たちを研究することで得た教訓のいくつかを、簡潔なかたちで提示しようと思う。

有用なステップのいくつかについて考察するそのまえに、道の途中に立ちはだかる障害のおもなものについて気をつけておくべきだろう。避けるべきものが何であるかについて気づかぬままでいれば、いっさいの努力は水の泡である。

第二部　〈存在〉を阻むもの

第二章　大いなるまやかし

本物と偽物

私が「大いなるまやかし」と呼ぶものこそは、生きる技の修得にあたっておそらくもっとも克服困難となるであろう障害である。それが登場するのは、人間啓発の部門にとどまらない。逆に、人間啓発とは、われわれの社会の全領域に蔓延《まんえん》している大いなるまやかしの、一つの現れにすぎないのである。旧式の部品を組み込んだ製品、高すぎる価格設定、買い手にとって害はなくても実質的には無用の長物であるような製品、小さな本当と大きな嘘とを織りまぜた広告、このような現象やその他の社会現象の多くは、大いなるまやかしの一部である。法律が糾弾《きゅうだん》するのは、それがもっとも顕著なかたちをとった場合だけである。話を商品の例に限っても、その真の価値は、広告によって、あるいは製造企業名や規模の大きさがほのめかす価値によって覆い隠されている。このような事態が、いったいどうしたら別様でありえただろう。というのも、それをとりまくシステムの基本原理によれば、生産は最大の利益を目指してなされるのであって、人間にとっての、最大の有用性を目指してなされるのではないというのだから。

政治の領域における大いなるまやかしは、近年ますます顕著になってきている。たとえば、ウォーターゲート事件やヴェトナム戦争の進め方などを見ればよい。とくに後者には、「きわどい勝利」についての真実でない言明や、直接的なごまかし（架空の攻撃の虚偽の報告など）が伴っている。それでも、露見しているのは、政治的まやかしのほんの氷山の一角にすぎない。

芸術や文筆の領域でも、まやかしがはびこっている。公衆は、教養あるものでさえ、本物と偽物の違いを見分ける能力を大幅に失ってきている。こうした能力の欠損は、いくつかの要因によって引き起こされたものである。何よりもまず第一にあげられるのは、多くの人々の指向性が、純粋に頭だけのものになってしまったということである。彼らは言葉や知的概念を読んだり聞いたりしているだけである。その著者の真正性を確かめるために「第三の耳を使って」聞こうとはしない。一例をあげよう。禅仏教に関する文献を見てゆくと、D・T・鈴木〔鈴木大拙〕のような書き手がいることに気づかされる。彼の真正性は疑うべくもない。彼は自分が経験したことについて語っているのである。このような真正性があるというまさにその事実によって、彼の本はしばしば読みにくくなっている。なぜなら、合理的に満足のゆく答えを与えないということは、禅の本質に属する事柄だからである。他にもいくつか本があって、一見、禅の思想を正確に描写しているように思われる。しかし、その著者たちは、経験の浅い単なる知識人にすぎない。彼らの本は分かりやすいが、禅の本質的性格を伝えてはくれない。だが、私の見るかぎり、禅に真剣な興味を抱いていると自称する人々のほとんどが、鈴木と他の著者たちとの決定的な質的差異に気がついていないのである。

真正なるものとまやかしの違いを見分けられないもう一つの理由は、権力と名声が持つ催眠術的とも言える魅力のなかに求められる。人名や書名が巧妙な宣伝によって有名になると、平均的な人はその著作の主張を積極的に信じようとする。このプロセスは、もう一つの要因によって大きく促進されている。商業的手法が完全に浸透した社会では、できるだけ売って最大限の利益をあげるということが中心的価値体系を構成している。そこでは、誰もが自分自身を「資本」として経験し、その資本を最大限の利益（成功）を目指して市場に投下しなければならないと考えるようになる。そのような社会では、人間の内的価値など、歯磨き粉や売り薬ほどのものでしかない。その人が親切かどうか、知的かどうか、生産的かどうか、勇気あるかどうか、そのようなことはほとんど問題とならない。これらの特質がその人を成功させるのに役立たないのであれば、どうでもよいことなのである。他方、人間として、また作家、芸術家などとしてごく平凡な人であっても、ナルシシズム的で攻撃的で飲んだくれで新聞をにぎわせるような猥雑《わいざつ》な人間であっても、いくばくかの才能があれば、簡単に当代「一流の芸術家・作家」の一人になることができる。もちろん、その当人だけが関与しているわけではない。画商、代筆者、ＰＲマン、出版社など、これらすべてが、彼〔ないし彼女〕の成功に金銭的な利害関心を持っている。これらの人々によって件《くだん》の人物は「作られた」のであり、ひとたび全国的に宣伝されるような作家・画家・歌手になると、つまり「有名人」になると、それによって偉大な人物とも見なされるようになるのである。それはちょうど、テレビの視聴者であればその名前を思い出さずにはおれないような洗剤が最高の洗剤とされるのと同じことだ。もちろんインチキや詐欺は、少しも新しいものではなく、いつの時代にも存在してきたものである。だが、公衆の目にさらされているという事実がそこまで重要視され特別視されるような時代など、これまではおそらくなかったであろう。

救済のテクニック

以上の例を念頭におきながら、本書の文脈からしてもっとも重要な分野での大いなるまやかしに話を進めよう。つまり、人間救済の分野でのまやかし、人間の良き生 well-being や内的成長や幸福などの分野でのまやかしである。

　ここで次のことを告白せねばならない。実は、私はこの章を書くのを非常にためらっていた。書き終えたあとで割愛したくなったほどである。このようにためらったのは、この分野で使われている言葉のなかで、商業化されていないもの、原型を損なっていないもの、もしくは誤用されていないものなど、ほとんど一つも残されていないという事実があったからである。「人間的成長」「成長の潜在的可能性」「自己実現」「経験と思考の対比」「いまここ」など、その他多くの言葉が、さまざまな著者や団体によって安っぽく使われ、ときには広告のコピーにまで使われるようになってきている。読者が私の述べているある考えを、同じ言葉がいくつか使われているというただそれだけの理由で、まったく反対の意味を持つ他の考えとつなげてしまうのではないか、そう私が恐れたとしても、それはいけないことだろうか。この分野について書くのはいっさいやめてしまったほうがよいのではないか。それとも、別のリストで定義されるような数学的記号でも使ったほうがよいのではないか。〝言葉は、本来それだけでは、何のリアリティも持たない〞という事実に、読者諸氏は気づいていただきたい。言葉がリアリティを持つのは、それが使用されるコンテクストや、それを使用する者の意図や性格などをふまえたときだけである。一次元的に、その深みをくみ取ろうとせずに読んでしまえば、言葉は、観念を伝達するというよりは、むしろ観念を隠蔽するほうに働いてしまうのである。

ごく簡単なスケッチを描くだけだとしても、そのまえに一言述べておきたい。まやかしについて語るからといって、さまざまな運動のリーダーや実践者が、意識的に不正直であるとか、公衆を欺《あざむ》こうという意図を持っている、などということをほのめかすつもりはない。それが当てはまる運動もあるのだろうが、多くのものは善きことをなそうという意図を持っており、自分たちの霊的商品の有用性を信じているのだろうと、私は思う。だが、まやかしとは、単に意識的で意図的なものばかりではない。社会的に見てもっと危険なのは、実行者が正直に信じて、、、いるような詐欺である。そこで目指されているのが戦争計画であろうと、幸福に至る道の提示であろうと、その危険性は変わらない。まったくのところ、私は善意の人々への個人攻撃をしているとも受け取られかねないわけだが、それでも、何事かが言われねばならないのである。

実際、個人攻撃をする理由など見当たらない。というのも、これらの救済の商人たちは、大きな広がりを持つ需要にただ応えているだけなのだから。いったいどうしたら、違った状況になりえたというのだろう。人々は混乱しており、自信が持てない。喜び、平静、自己知、救済へと導いてくれるような答えを、探し求めている。だが同時に人々は、それが学びやすくて、努力をほとんど、いやまったく要さず、結果がすぐ得られればいい、ということをも望んでいるのである。

一九二〇年代と三〇年代には新しい運動が発生しているが、これらの運動の端緒《たんしょ》は、それまで人気を博してはいなかった新しい理念に少数の人々が真剣な関心を向けるようになったことにある。それらの理念は、二つの中心的な論点をめぐって組織化されている。すなわち、身体の解放と精神の解放という論点である。いずれにせよ、従来型の生活様式が人々に押し付けてきた手枷《てかせ》足枷からの解放、それに合わせるようにと人々に押しつけてきた型からの解放を意味する。

第一の潮流には二つの源泉がある。その一つは精神分析的なものであった。ジョージ・グロデックは、マッサージを使って身体を弛緩《しかん》させ、それを通じて患者が緊張と抑圧を取り除くのを支援しようとした最初の精神分析家である。ヴィルヘルム・ライヒも同じようなことをしたが、彼はもっと体系的に取り組み、自分のしていることについてより深い理論的自覚を持っていた。それによれば、抑圧されたものを防衛している抵抗を破るためには、窮屈でゆがみをもった身体的姿勢を破らねばならない。なぜなら、そのような姿勢は、抑圧を解除しようとする力から身を守ろうとする防衛として機能しているからである。ライヒの仕事は、エルザ・ギンドラーの一九二〇年代の仕事をはじめとするさまざまな身体覚知 body-awareness の方法に基づいていた。

第二の潮流、すなわち精神の解放の潮流は、主として東洋思想に集中していた。とくに、ヨーガや禅仏教や仏教的瞑想のある種の形態のものが注目された。それらの思想や方法にはほんのわずかな人々しか関心を持たなかったが、どれも本物であり重要なものであった。安易な救済への近道が見つかることを期待したりしない人の多くは、それによって大いに助けられただろう。

五〇年代と六〇年代には、幸福に至る新しい道を探す人々の数はふくれ上がり、大衆規模の市場が形成されはじめた。とりわけカリフォルニアは、すでに言及したような正当な方法が安上がりな方法と混ざり合う、実り多い土壌であった。安上がりな方法とは、感受性、喜び、直観的洞察《どうさつ》、自己知、より大きな情動性、リラクセーションなどが、短時間で、一種の霊的バイキング料理のコースに従って提供されるような方法のことである。今日では、このコースのメニューに欠けているものなどない。感受性トレーニング、集団療法、禅、太極拳など、ほとんどあらゆるものが白日のもとにさらされ、快適な環境に囲まれ、そこに、同じ問題で苦しんでいる他の仲間たちが集《つど》う。彼らは、真の接触と真の感情の欠如という問題を抱えている。大学生から経営者まで、誰もがほとんど努力を要さずとも自分の欲するものを見つけられる。

そのバイキング料理のなかに含まれている個々の皿について、たとえば「センサリー・アウエアネス」*などについて、その教え自体に問題があると言っているのではない。私の批判は、ただそれが教えられる雰囲気に対して向けられる。他の取り組みについて言えば、まやかしは、その教えがうわべだけのものでしかないという点に認められる。とくに、それが偉大なる師の洞察に基づいているという身ぶりをするときなどである。だが、おそらくもっとも大きなまやかしとは、明示的であれ暗黙のうちにであれ、パーソナリティ内で深い変化が生じるだろうと請け負っておきながら、与えられるのは、一時的な症状改善、あるいはせいぜいエネルギーの鼓舞《こぶ》や多少のリラクセーションでしかない、というような場合である。これらの方法は、本質

＊〔訳注〕リラクセーションや簡単な動作をもとに、緊張を解き、感覚を研ぎ澄まし、静けさの感覚と気づき awareness を得ようとする技法。

的には、いい気分になるための方法であったり、また社会によく適応できるようになるための方法であったりする。そこには、性格内での基本的変化など見られない。

ある運動の商業的成功

しかしながら、このカリフォルニア・ムーヴメントは、インドの「グル〔導師〕」たちを中心に組織されている霊的商品の大量生産に比べれば、さしたる重要性を持たない。もっとも度肝を抜いたのは、超越瞑想（TM）と呼ばれる運動の成功であった。その指導者は、インド人マハリシ・マヘシ・ヨギである。このグルは、マントラをめぐっての瞑想という、かなり古くからあるインドの伝統的アイディアに飛びついた。マントラとは、通常ヒンドゥー教の教典からとられた言葉であり、それに注意を集中させると特別な意義を帯びるようになると考えられている言葉（ウパニシャッドの「オーム」のような）のことである。この集中の結果、リラクセーション、緊張の低下、そしてリラクセーションに伴う生き生きとした感じなどが生じる。TMは、英語の言葉を用いることによって、神秘化を経ることなく実践することができる。たとえば、「平静心」「愛」「平和」など、推奨されるべき言葉なら何でもよい。毎日、リラックスした体勢で目を閉じて二十分間、規則的に実修すれば、静寂、リラクセーション、エネルギー促進といった顕著な効果が現れるらしい（今のところ、私自身は実践したことがないので、それを実践した者の信頼できる報告に依拠するしかない）[*]。

　マハリシはこの方法を発明したのではない。それをどのようにパッケージ化すればよいか、どのように市場に出せばよいかという方法を発明したのである。最初に、彼はマントラを売り出し、客の個性にぴったりと合うマントラが顧客一人ひとりのために選ばれているのだと申し立てた（特定のマントラと特定の個人とのあいだにそのような相互関係があったとしても、新しい客の個性を十分熟知していて、その結果、正しい選択をおこなうことができ、初心者を奥義に引き込んでやることができる教師など、万に一人もいないであろう）。客に合わせてしつらえられたマントラという発想が基礎となって、新参者に少なからぬ額でマントラを売りつけることができる。「教師は、各人の持っている個人的な願いを考慮に入れ、その実現の可能性を確かなものとする」[**]。何という約束だろう！　どんな願いでも、TMを実践しさえすればかなうというのである。

　入門講義を二つばかり聞いたあとで、初心者は教師と面接する。それから、小さな儀式をおこない、自分の個人的なマントラを受け取り、独り言であれ他の誰かに対してであれ、このこ

＊　ボストン・ベス＝イスラエル病院の高血圧セクション長であるハーバート・ベンソン博士は、高血圧患者において血圧が著しく低下したと報告している（『ニューズウィーク』一九七五年五月五日）。
＊＊　*Transcendental Meditation* (Maharishi International University Press, March 1974). 強調は著者による。

とは決して大きな声で話してはならないと教えられる。初心者は、この方法を決して他人に教えないという声明文に署名をしなければならない（明らかに、これは専売権をおびやかされないためのものである）。新しい信者は、自分を導いた教師に毎年その上達の度合いをはかってもらう権利を有する。もっとも、私の理解したところでは、これは通常の場合、単純な流れ作業となっているようである。

この運動は、現在では何十万もの修行者を抱えている。その中心はアメリカであるが、多くのヨーロッパ諸国でその数をふやしつつある。ＴＭのかかげる約束には、個人的な願いを実現するという約束以外には、実践するのに努力は要らないという約束、さらに、その実践が成功や偉業を成し遂げる基礎になるという約束も含まれる。成功と内的成長とは、ともに手をたずさえて突き進む。カエサルと神とは和解させられる。あなたは、霊的に成長すればするほど、ビジネスにおいても成功するであろう。実際この運動自体、広告、曖昧《あいまい》でしばしば無意味な言葉、いくつかの尊敬すべき理念の参照、ほほえむリーダーの崇拝など、ビッグ・ビジネスの特徴をすべて兼ね備えている。

このような運動が存在し人気を博しているということは、ある特許医薬品が存在し人気を博しているというのと同じことで、少しも驚くべきことではない。驚くべきなのは、その信者や実践者のなかに、私が個人的に知るかぎりでは、間違いなく誠実な人、高い知能を備えた人、すぐれた心理的洞察をおこなえる人がいるということである。私は、この事実に面食らってしまったと認めざるをえない。実際、彼らの示す肯定的反応は、リラックスさせエネルギーを高めさせる瞑想体験の効果によるものであろう。だが、まったくよく分からないのは、不明瞭な言葉づかいや露骨なPR精神や大げさな約束や救済事業の商業化などに、彼らが拒絶反応を示さないということであり、そして前述の、神秘めくことのない他の技法を選ばずにTMとのつながりを保っているのは、いったいどうしてなのかということである。ビッグ・ビジネスの精神とその販売方法は、個人の霊的発達の分野においても、もう受け入れずにはいられないほど浸透してしまっているということなのだろうか。

マントラ瞑想はよい効果を持つであろうが、それにもかかわらず、それは私見によればその支持者にダメージを、与えるようなものである。このダメージを認識するためには、マントラ瞑想という孤独な行為の外にいったん出て、それを組み込んでいる全体的な骨組みを見届けなければならない。つまり、その支持者が支えているのは偶像崇拝であり、そのために自分自身の自立性をおびやかしてもいるのだということである。支持者が支えているのは、われわれの文化の、人間性を破壊するような特徴なのであり、すなわち、パッケージ化によるあらゆる価値の商業化なのである。そのパッケージのなかには、もちろん、嘘に満ちたPR精神や、〝努力要らず〟という教説や、自己知・喜び・良き生という伝統的価値の曲解と濫用《らんよう》なども含まれている。その結果、支持者の心は混乱し、とうの昔に廃止されるべきであった既存の錯覚に加えて、新しい錯覚でいっぱいになる。

　ＴＭのような運動には、別の危険もある。内的変化を達成し新しい生の意味を発見したいと真に願う大勢の人々が、ＴＭを使っている。そして、ＴＭはその独特の言葉づかいでもってこれらの願望を支えている。だが、実のところ、それはせいぜいリラクセーション法の一つでしかない。それと類似するものといえば、ハタ・ヨーガ*や、故Ｉ・Ｈ・シュルツ教授による誠実な自律訓練法などであり、つまりリフレッシュとエネルギーをもたらすリラックス状態を多くの人々に提供するような実践であろう。そのようなリラクセーションは好ましいものではあるが、〝自我中心から内的自由へ〟という根本的な人間変革とは無縁のものである。明らかに、それは、〈持つ〉構造をそぎ落とした人物にとって有用であるだけでなく、それとまったく同様に、虚栄心の強い自我中心的な人物にとっても有用なものである。だが、ＴＭは、一時的なリラクセーション以上のものであるというふりをするため、ＴＭに自分の求めていたものがあると信じてさえいなければ解放・解脱へと通じる真の道を歩んでいたと思われるような人も、ＴＭによってその道を阻《はば》まれてしまうのである。

　最近、この運動は、自分自身についてだけでなく人類についても関心があるような人々まで、魅了し組み入れようとしている。マハリシは、七日間の沈黙の行のあと一九七二年一月八日、マヨルカ島で、「創造的知性の科学Science of Creative Intelligence」の二千人の新しい教師をまえに「世界計画World Plan」を発表した。この〈世界計画〉は、三千五百の「世界計画センター」（百万人で一センター）の建設によって実現される。各センターは〈創造的知性の科学〉の教師を千人教育するため、最終的には世界のどの地域でも、一千人に対して一人の教師が提供されることになる。〈世界計画〉は七つの目標を持っている。そのなかには、「政府の業績を改善すること」「犯罪という古くからの問題、また不幸を招くいっさいの行動に起因する古くからの問題を根絶すること」などがある。七つの目標の実現のために、七つのコースがある。マハリシはその狙《ねら》いを要約して次のように言っている。「われわれが自分たちは成功したと考えることができるのは、今日の世界の諸問題が本質的に小さなものになり最終的には根絶されるときだけであり、各国の教育機関が完全に発達した市民を輩出することができるようになったときだけである」(ibid.)。

このような世界救済計画こそ、俗悪な販売方法にも増して、それだけでほかに何の注釈の必要もなく彼らの思慮のなさを証明してくれるものではないか。

ＴＭの成功のおかげで、ほかにも似たような事業が起こっている。『ニューズウィーク』（一

＊〔訳注〕さまざまなポーズの実修によって、生命エネルギーの媒体である身体を浄化し強化しようとするヨーガの一種。西洋ではとくに健康な身体を作るという側面が強調されている。

九七五年二月十七日）に、そのような企業の一つが取り上げられている。その発明者は、本名はジャック・ローゼンバーグ、現在名はワーナー（ヴェルナー・フォン・ブラウン*に由来）・エアハード（元ドイツ首相ルートヴィッヒ・エアハルトに由来）で、エアハード・セミナー・トレーニング（EST〔エスト〕）を創設した。彼は「自分の」経験を、ヨーガ、禅、感受性トレーニング、エンカウンター・セラピーといっしょに、エストという新製品にパッケージ化し、その一式を週末セッション二週分で二百五十ドルという価格で売り出した。一九七五年の報告では、すでに六千人もの救いを求める求道者が加工処理され、エストに莫大な収益をもたらした。これはTMに比べれば非常にささやかなものであるが、にもかかわらず、それは次のことを示している。つまり、いまではインド人だけでなく、フィラデルフィア郊外出身の者であっても、そして個人的動機からエキスパートになった者であっても、この種のビジネスに参入できるようになったということである。

無邪気さという罪——悪の否認

以上のような運動の記述にこれほどまで多くのスペースをさいたのは、そこに学ぶべき重要な教訓があると考えたからである。自己変容を目指そうとする際に必ずふまえねばならない基礎とは、現実認識をつねに深めてゆき、錯覚 illusions を振り払うということである。錯覚は、このうえなくすばらしいと思える教えさえも、不純なもの、毒を含んだものに変えてしまう。私がここで言いたいのは、教えのなかにあるかもしれない間違い errors のことではない。＊＊仏陀の教えは、人々が輪廻《りんね》転生を信じていなくても、〝だから不純だ〟とは言えないのであり、聖書のテクストは、地球の歴史や人間の進化についてのより現実的な知識と対立するとしても、〝だから不純だ〟とは言えないのである。しかしながら、教えに内在し教えを汚染するような非真理と欺瞞《ぎまん》というものは存在する。たとえば、努力をしなくてもすばらしい結果が達成されるとか、名声への渇望は無我の状態と両立しうるとか、大衆暗示の方法は自立性と両立可能だなどと宣言することである。

無邪気なまでに無知であるということ、簡単に欺かれてしまうということ、それは許すべからざることなのだ。それも今日においては、かつてないほどそうなのである。今日、広範に流布している非真理は、破滅的結末《カタストロフィー》を招くかもしれない。それというのも、この非真理は、現実の危険性と現実の可能性とから人々の目をそらし、見えないようにしているからである。「現実主義者」たちは、親切な行為を一生懸命にしている人がいれば、次のように思い込むものである。この人は善意の人だが、うぶな人でもあり、錯覚に満たされており——要するに

＊〔訳注〕ドイツ生まれの米国のロケット研究者。アポロ宇宙船打ち上げ用ロケットを開発した。

＊＊〔訳注〕フロイトは『ある幻想の未来』（日本教文社刊『フロイド選集』）のなかで「錯覚〔幻想〕」を願望充足のために構成された表象としており、「間違い」や「妄想」と区別している。

馬鹿だ、と。だが、現実主義者たちは、完全には間違っていない。暴力や憎悪や利己性を毛嫌いする人たちの多くは、実際、無邪気なまでに何も知らないでいる。彼らはすべての人のなかに「善良さ」が宿っているという信念を必要とするが、それは、これらのことから目をそむけていたいからなのである。〝個人や集団の醜さと邪悪さとに目を見据えたまま人間の豊かな可能性を信じる〟、そのようなことができるほどには、彼らの信仰は強くないのである。現実からそのように目をそむけたままでいるのなら、最高の良き生を達成しようとする彼らの試みは、きっと失敗するだろう。何か強烈な失望——どんなものでもいい——がやってくれば、彼らは自分たちが間違っていたことを確信するだろうし、あるいは抑鬱《よくうつ》の状態へと追いやられるだろう。なぜなら、彼らはそのようなときには、何を信じたらよいか分からなくなってしまうであろうから。

生と自己自身と他者に対する信仰は、現実主義という磐石《ばんじゃく》の岩のうえに立てられねばならない。この現実主義の岩とは、すなわち、悪をそれがある場所にしかと認められる能力のことであり、詐欺・破壊性・利己性を、それが明白なときだけでなく、さまざまな偽装と合理化をまとっているときにも見届けられる能力のことである。まったくのところ、信仰・愛・希望は、現実をその裸のままで見ようとする情熱と、手をたずさえて進むのでなくてはならない。部外者にとって、現実を見ようとするこの情熱は、〝そのような態度は「シニシズム」だ〟と言いたくなるようなものかもしれない。そして、われわれがシニカルという言葉で、〃ほとんどすべての発言や信念に忍び込んでいる甘くてもっともらしい嘘に取り込まれることの拒否〃を意味するのであれば、この情熱はシニカルであろう。だが、この種の「シニシズム」は、シニシズムではない。* それは妥協なき批判であり、欺瞞のシステムのなかでゲームに戯《たわむ》れることの拒否である。マイスター・エックハルトは（イエスの説いた）「単純な者」について語るなかで、このことを簡潔明快に述べている。「欺くことはないが、しかし欺かれることもない」。**

　実際、仏陀も預言者たちもイエスもエックハルトもスピノザもマルクスもシュヴァイツァーも、「柔弱《にゅうじゃく》な騙《だま》されやすい人」たちではなかった。彼らは、逆に頑固な現実主義者だったし、また彼らのうちのほとんどは迫害されたり中傷されたりしたが、それは、美徳を説教したからではなく、真理を語ったからであった。彼らは、権力や称号や名声に敬意を払うことなどはせず、王様が裸だということも知っていた。そして、権力が「真理を語る者」を殺すことだってあるということを、承知していたのである。

* 〔訳注〕いわゆるシニシズムとは、常識や習俗や世間一般の風潮から距離をとり、それを冷笑するような態度を指しているであろう。

** Sermon XXX, "Christ Sat in the Temple and Taught," *The Works of Meister Eckhart*, tr. Evans. 傍点強調は著者による。

第三章　取るに足らないお喋《しゃべ》り

〈存在〉の技を修得する際の障害は、ほかにもまだある。それは取るに足らないお喋り trivial talk のなかに含まれている。

trivial〔取るに足らない〕とはどういうことか。それは文字通りには「ありふれた〔＝共通の場所〕commonplace」（由来はラテン語の tri-via ＝三つの道が出会う地点）という意味である。それは通常、浅薄、平凡、能力の欠如や道徳的資質の欠如を指す。人によっては「tri-vial」を、物事の表面にしか関心を持たず、その原因やさらなる深層には関心を持たないような態度として定義するかもしれないし、本質的なものと本質的でないものとの区別をしないような態度、あるいはその二つの順序を転倒させるような傾向性として定義するかもしれない。さらに付け加えるなら、取るに足らない様子とは、無活動、無反応、無気力の結果生ずるもの、あるいは〝完全に生まれる to be fully born〟という人間の中心的課題とは無関係な関心いっさいに由来するもの、とすることができるかもしれない。

仏陀は、取るに足らないお喋りをこの後者の意味で定義している。いわく、比丘《びく》の心がお喋りに向かう傾向を見せたら、次のように考えるのがよい。「私は低級なお喋りには関わらないだろう。下品で俗っぽくて無駄なお喋りには関わるまい。脱俗〔遠離〕・離欲・休止〔滅〕・寂静・直接知・悟り〔等覚〕・〈涅槃《ねはん》〉につながらないようなお喋りには関わるまい。つまり、王・盗人・僧侶・兵士・飢饉《ききん》・戦争などについてのお喋りには関わるまい。食べること、飲むこと、着ること、寝ることについてのお喋りには関わるまい。栄誉・香水・親戚・車・村・町・都市・国についてのお喋りには関わるまい。女や酒、市井の噂についてのお喋り、先祖やさまざまな瑣事《さじ》についてのお喋り、世界と海の起源についての物語、そうであったりそうでなかったりするようなことについてのお喋り、これらに類する事柄に、私は関わるまい」。このように考えれば比丘の心は正知に至るだろう。

「だが、厳格な生活を送るのに役立ち、精神の明晰《めいせき》さに有用であるようなお喋り、完全な脱俗〔遠離〕・離欲・休止〔滅〕・寂静・直接知・悟り〔等覚〕・〈涅槃〉につながるようなお喋り、少欲・知足・孤独〔出離〕・隠遁《いんとん》についてのお喋り、精進・戒・集中〔定〕・智慧・解脱の応用についてのお喋り、そして解脱によって与えられる知とヴィジョンについてのお喋り——そのようなお喋りであれば、私は関わるであろう」。このように考えれば

比丘の心は正知に至るだろう。*

取るに足らない会話のために引かれた例のなかには、仏教徒以外の者にとっては取るに足らないとは思われないようなものもあるかもしれない。たとえば、世界の起源についての問いなどである。また、おそらく仏教徒でさえ、飢饉についてのお喋りなどは、真剣なものであり手を差し伸べる意図が込められているものであるならば、仏陀もそれを取るに足らぬものとはしないだろうと言うかもしれない。そうであっても、リスト全体は、多くの者にとって貴いものであり、またある者にとっては聖なるものであるような題目のいくつかを大胆に要約しておきながら、陳腐《ちんぷ》なおもむきを伝えてくれるのであり、それゆえ非常に印象的である。ここ数年のあいだに、インフレ、ヴェトナム、近東、ウォーターゲート、選挙などなどについて、いったい何十億の会話が交わされてきたであろう。そして、それらの会話のなかで、まったくの明白な党派的観点を超えて、議論されている現象の根幹と原因を見通しているようなものが、いったいどれだけあったというのだろう。次のように考える者があっても不思議ではない。つまり、ほとんどの人は、何かお喋りする対象を持ちたいがために、つまり、たとえ取るに足らないレヴェルのものであっても互いにコミュニケートする理由を持ちたいがために、戦争や犯罪やスキャンダル、ときには病気さえ必要とするのだ、と。まったくのところ、人間という存在が商品に変容させられてしまったら、その会話がどうして取るに足らないものにならずにすむというのだろう。市場に出回っている商品がもし口をきくことができたら、客や販売員の振る舞いや高い値段で買ってもらいたいという希望などについてお喋りするのではないか。そして、自分たちが買ってもらえないということがはっきりすれば、今度は自分たちの落胆についてお喋りをするのではないだろうか。

　おそらくもっとも取るに足らないお喋りとは、自分自身のことについて喋りたいというものである。そこから出てくるのは、健康と病気、子ども、旅行、成功、自分のしたこと、無数の日々の事柄など、尽きることなき話題、重要であるように見受けられる話題である。人は自分のことについてずっと喋ってばかりはいられない。そのようなことをすれば、退屈な人間だと思われるのは間違いない。そこで、権利の交換をおこなって、相手がその人自身のことについて喋るのを進んで聞いてやらなければならない。個人間で開かれる私的な社交の場は（またしばしば、あらゆる種類の集会や集団も）、小さな市場である。そこでは、自分について喋りたいという欲求や聞いてほしいという欲望と、同様の機会を求めている他者の欲求とが、交換されることになる。ほとんどの人々はこのような交換をうまくとりまとめるということに重きを

＊　Nyanaponika 1973, p.172 に引用されていた中部経典 Majhimma-Nikāya, 一二二〔『南伝大蔵経』第十一巻下、大蔵出版〕。

置く。それを省みることなしに、人の話を聞くよりも自分のことを話そうとすれば、顰蹙《ひんしゅく》を買うことになり、それを大目に見てくれるような洗練度の低い仲間を選ばなければならない。

人々の持っている〝自分のことを話したい、聞いてほしい〟という欲求は、どんなに大きく見積もっても見積もりすぎということはない。この欲求が極度にナルシシズム的な人々にのみ見られるというのであれば事は簡単だ。だが、それは平均的な人においても存在するのである。そして、それは、われわれの文化に内在する理由によるのである。近代人は大衆人であり、高度に「社会化」されているが、しかしひどく孤独である。デイヴィッド・リースマンは、一九六一年の著書のタイトルに『孤独な群集』という言葉を使い、この現象をうまく言い表した(Riesman 1961)。近代人は他者から疎外されており、ディレンマに直面している。つまり、他の者との親密な接触を恐れると同時に、一人になり接触がなくなるということをも恐れるというのである。「どうしたら孤独にならずに一人でいられるか」、取るに足らない会話は、この問いに答えることをその役目とする。

喋ることは一種の嗜癖《アディクション》となる。「喋っているかぎり、私は自分が実存しているということを実感できる。つまり、どうでもよい人間ではないということ、過去を〈持って〉おり、仕事を〈持ち〉、家族を〈持って〉いるということを実感できる。そして、こうしたことすべてを喋ることによって、私は自分自身を肯定するのである。だが、私は誰か聞いてくれる人を必要とする。というのも、自分がただ独り言を自分自身に言っているだけなのだとしたら、気が狂ってしまうだろうから」。聞き手がいることによって、対話をしているという錯覚がつくり出される。現実には、そこにはただの独白しかないとしても。

他方、悪い仲間集団とは、単に取るに足らない人々の集まりであるというだけでなく、邪悪でサディスティックで破壊的でもあるような、生に敵対する人々の集まりのことを指す。だが、次のように問う人がいるかもしれない。悪い人々の仲間集団が危険だというのはどうしてか。何らかのかたちで彼らが誰かに危害を加えるというのでもなければ、どうして危険があるというのだろう。

この問いに答えるためには、人間関係のなかに潜むある法則を認識しなければならない。すなわち、人間同士の接触で、その人間のいずれにも影響を及ぼさぬようなものはない、という法則である。二人の人の出会い、会話で、そのどちらか一人でも変わらぬままに放置するようなものは、おそらくごく表面的なものをのぞけば、ありえないだろう。変化があまりにも小さくて認識不可能だという場合（そのような変化の小さい出会いが頻繁《ひんぱん》に積み重なる事態は無視する）でも、変化は必ず起こっている。

表面的な出会いでさえ、かなりの衝撃を与えることが可能である。ちょっとしか見かけたことがなくてこれまで話したことがないような人と顔をつき合わせたときにその親切さが伝わってきたなどということが、一生に一度としてないような人間がいるだろうか。あるいは、たとえ一瞬だとしても本当に悪そうな顔を見て恐怖を感じたなどということがないような者がいるだろうか。たいていの人は、そのような顔とそれが自分に引き起こした作用とを、何年も、あるいは生涯を通して憶えているものだ。また、ある人といっしょにいたあと、元気づけられたように感じ、まえよりも生き生きとし、よい気分になり、あるいはときには新たな勇気と新たな洞察とを得たりする、しかも、そのときの会話の内容がこの変化を説明してくれるというわけでもないのに。こうした経験は、誰にでもあるのではないだろうか。他方、次のような経験をした者も多いだろう。ある人といっしょにいたあとで、落ち込んでしまい、疲れ果て、希望を失い、それでいてこのような反応が起こる原因となった会話の内容が何か分からない、など。私がここで話しているのは、好きで憧れている人や、怖いと感じるような人などによる影響のことではない。明らかに、そのような人は、発言や振る舞い方によってその呪文の支配下にある人に強い影響を与えることができる。私が念頭に置いているのは、ある人が、特別な仕方で結びつきを持っているわけではないような人々に対して及ぼす影響のことなのである。

　以上の考察から導き出される結論とは、〝取るに足らない仲間集団と邪悪な仲間集団はどちらも避けたほうがよいということ、十分な自己主張ができて、それによって相手が自己反省する見込みがなければ、その仲間集団を避けるのが望ましいということ〟である。

悪い仲間集団を避けることが不可能であるような場合は、騙されないようにしなければならない。すなわち、友好的なマスクの下の不誠実を見抜かねばならない、不幸に対するいつ果てるともなき愚痴《ぐち》の向こう側に潜んでいる破壊性を見抜かねばならない、そして魅力の裏側に隠れているナルシシズムを見て取らなければならない。他の者の欺瞞的な外見に取り込まれているふりをするなどということも、してはならない――これは、何らかの不正直に自分自身が無理矢理まき込まれないようにするためである。自分が見抜いていることについて彼らに話す必要などないが、自分が何も見ていないと信じ込ませようとするべきでもないのだ。十二世紀の偉大なユダヤ人哲学者モーゼス・マイモニデスは、邪悪な仲間集団の及ぼす作用を認識し、抜本的な解決策を提案している。「自分の暮らしている国の住人が邪悪である場合、その仲間集団を避けよ。彼らがいっしょになることを強制しようとするなら、その国を去れ。たとえそれが砂漠にゆくことを意味するとしてもだ」。

他の人々がわれわれの行動を理解しないような場合には、どうすればよいのか。自分たちが理解することだけをやれと彼らが要請するなら、それは、われわれを独裁のもとに置こうとする試みである。彼らの目に「非社会的」だとか「非合理的」だなどと映ったとしても、放っておけばよい。われわれが自由であることや、自分自身であろうとする勇気に対して、彼らは総じて憤《いきどお》るであろう。われわれのおこないが彼らを傷つけたり侵害するのでもないかぎり、われわれわれは、説明や申し開きの責めを誰にも負わない。この「説明」したいという欲求によって、いったいどれだけの命が失われたか。この欲求は、説明が「理解」されること、すなわち承認されるということまでをも、通常は含意しているのである。あなたの行動について好きなように言わせておけばよい。あなたの行動から、あなたの本当の意図が見えてくるだろう。しかし、知っておかねばならない。自由な人間は、ただ自分自身に対してのみ（すなわちその理性と良心に対してのみ）、そして、説明を要求する正当な権利を持っているかもしれないごく少数の者に対してのみ、説明の責めを負うのだ。

第四章 「努力なし、苦痛なし」

〈存在〉の技の修得にとって、もう一つの障壁は「努力なし、苦痛なし」の教説である。あらゆること、もっとも難しい課題でさえも、努力なしで、あるいは本当にささやかな努力だけでマスターされるはずだ、ということを人々は確信している。この教説はあまりにも人気があるので、もうくどくど説明する必要もないだろう。

たとえば、われわれの教育方法の全般的傾向について考えてみよう。われわれは若い人たちに、教育を受けるよう説得するし、実のところを言えば、教育を受けるよう懇願している。容易で快適なものに変えようとしている。唯一の例外は自然科学である。そこでは実際上の業「自己表現」「反成績」「自由」などという名のもと、われわれは、あらゆる課程をできるだけ績が目指されるし、課題を「簡単なレッスン」でマスターすることなど不可能である。だが、社会科学・芸術・文学のコースと、小・中・高の学校とでは、ある同一の傾向が顕著となっている。やさしくしよう、〝ゆとり〟をもってゆこう！　きつい課題を与える教授は「権威主義」だとか、時代遅れなどと呼ばれるのである。

今日のこうした傾向の原因を発見するのは、難しいことではない。サービス産業では、事務員から下級管理職まで、専門技能を有する者や半教養人へのニーズがますます高まっている。そのために、大学で提供されている現行のやり方に沿って、生かじり程度に知識や教養に触れた人々が、要求されているのである。第二の原因は、われわれの社会システム全体が依拠している、ある虚構のような信念にある。それによれば、誰でも自分のやることを強制されてやるわけではなく、それを好きでやっているというのである。明確なかたちをもった権威が匿名《とくめい》の権威に置き換えられているわけだが、こうした現象は、あらゆる生の領域に見いだされる。強制が、合意によってカモフラージュされているのである。というのも、合意を引き起こしているのは、さまざまな方法による大衆暗示なのだから。その結果、勉強も喜ばしいものとして感じとられるべきであり、強要されるべきものではなくなる。まして、真剣な知への欲求が最小限の程度でしかないようなところでは、その傾向はなおさら強まる。

努力なしの学習という考え方には、さらに別の根っこがある。つまり、科学技術の進歩は、商品の生産のために必要な身体的エネルギーの量を実際に減少させてきた、という考えである。第一次産業革命において、動物と人間の身体的エネルギーは、機械による機械的エネルギーに置き換えられた。第二次産業革命においては、思考と記憶が、大型コンピュータを頂点とする機械群によって置き換えられた。こうした重労働からの解放は、近代の「進歩」の最大の恩恵として経験された。仮に、こうして解放された人間のエネルギーが、他のより進んだ創造的な仕事に応用されるのであれば、それは実際上も恩恵であろう。しかしながら、事実はいまのところそうでない。機械仕事から解放された結果、人間は、何もしなくてもすむことを理想とするようになった。すなわち、いっさいの現実的努力を忌《い》み嫌うようになったのである。良き生good lifeとは、努力なき生である。一生懸命努力しなければならないということは、まるで中世の遺物のように考えられている。人が一生懸命努力するのは、そうするよう現実に強制されたときだけであって、自発的にではないのである。二ブロック先の食糧雑貨店に行くのにも、歩くという「努力」を回避するために車に乗ってゆく。店に行けば、店員は、計算するという精神的努力を省くために、計算機に三つの数字を打ち込む。

　努力なしの教説と関連して出てくるのは、苦痛なしの教説である。これもまた恐怖症的な性質を持っている。目指されるのは、〝あらゆる状況下においても苦痛と苦難を避けること、身体的にも、そしてとりわけ精神的にも〟ということである。近代的進歩の時代は、苦痛のない状態という〝約束された地〟に人間を導くのだと主張する。事実、人々は、一種の慢性的な苦痛恐怖症を形成してきている。ここでは、苦痛は、語のもっとも広い意味で引き合いに出されているのであり、単なる身体的・精神的な苦痛を指しているのではない。毎日数時間、音階の練習をすることも苦痛である。興味のある知識を獲得するためには、まだ興味の向かない課題を勉強するということも必要なことなのに。また、ガールフレンド〔やボーイフレンド〕に会ったり、あるいはただ散歩をしたり、友だちと遊んだりしたいと思っているときに、机に向かって勉強をすることは苦痛である。これらは実に小さな苦痛だ。残念なことに、本質的なことを学びたい、自分のヒエラルヒーのなかで誤っているものを正したいと思うのなら、これらの苦痛を、苛立《いらだ》たずに喜んで引き受けねばならない。もっと深刻な苦悩ならどうかと問われれば、語気を強めて応答しよう。幸福になるというのは少数者の運であり、苦しむということこそが、すべての人間の運命である、と。自分だけの苦を、すべての人間の苦とともに味わうという経験、これこそ、人間同士の連帯のもっとも強力な基盤となるのである。

第五章 「反権威主義」

〈存在〉のまえに立ちはだかるもう一つの障害とは、権威主義的と考えられるもののいっさいに対する恐怖症である。すなわち、個人に「強制的に課される」と考えられるもののいっさい、規律・訓育を要求すると目《もく》されるもののいっさいに対する恐怖症である。この恐怖症は意識的には自由への欲望、すなわち完全な意思決定の自由への欲望としてとらえられる（この理想を、ジャン＝ポール・サルトルは、その〝自由〟概念において哲学的に合理化した）。この自由への欲望は多くのルーツを持っている。第一に、社会経済的なルーツがある。資本主義経済の基本となっているのは、自由の原理である。つまり、干渉や制約を受けずに売買する自由であり、いかなる道徳的政治的原理の制約も受けずに行為する自由である。例外となるのは、法律によって顕在的なかたちに成文化された原理原則であり、それらは総じて、他者に対する意図的危害を防ぐことを目指している。だが、ブルジョワ的自由が概して経済的ルーツを持つものだとしても、自由への願望の熱烈さがどこから来るのかを理解するためには、この願望が強力な実存的情熱に根差したものであるということをも考慮に入れねばならない。その情熱とは、すなわち自分自身でありたいという欲求、他者の目的のために使われる手段にはなりたくないという欲求である。

新たな不自由

しかしながら、自由へのこのような実存的欲望は、徐々に抑圧されていった。自由を希求する真の願望は、自分の所有物を保護したいという欲望にまみれ、単なるイデオロギーとなってしまった。それでいて、表面上は明らかに逆説的な展開が、ここ数十年くりひろげられている。権威主義は西洋民主主義においてはかなり衰退してきている。だが、それとともに、個人の事実上の自由もまた衰退してきているのである。依存という事実は変わっていない。変わったのはその形式だけである。十九世紀においては、王、政府、聖職者、上司、親、教師などの支配者たちが、あからさまで直接的な権威を行使していた。生産方法の変化、とくに機械の役割の増加とともに、また重労働と貯蓄の理念から消費の理想(「幸福」)へという変化とともに、人が人に服するという目に見える服従の形態はすたれ、それにかわって、組織への服従が登場した。つまり、終わりなきベルト・コンベア、巨大な企業、政府などへの服従である。これらは個人を次のように説得した。あなたは自由だ、すべてがあなたのためになされる、あなたがた公衆が真のボスなのだ、と。しかし、まさに国家・軍隊・産業の官僚制の強大な権力と規模のせいで、そして人格的ボスが非人格的官僚制に置き換わったせいで、個人はかつてそうであったよりもさらに無力となった。それなのに、個人は自分の無力さに気づいていない。

このようなことを自覚するのは個人的にも社会的にも厄介《やっかい》である。それから自分自身を防衛するために、いまや個人は、絶対的で無制約な「人格的＝個人的」自由の理想を打ち立てた。その一つの表れが、性的自由の確立であった。若者も、またその親にあたる中年の多くも、性的関係の領域における制約のいっさいを拒絶することで、この自由の理想を実現しようとしてきた。たしかに、これは部分的には非常に健全なプロセスである。二千年にも及ぶ宗教的中傷のあと、性的な欲望と満足は罪深いものとは考えられなくなった。そのために、恒常的な罪悪感は減少したし、またこのことはとりもなおさず、新たな服従によってその罪をみずから進んであがなおうとする態度が軽減されることにもなったという意味を持つ。だが、「性的革命」の歴史的意義を正当に認めるとしても、この革命のもう一つの効果、好ましからざる「副作用」を無視すべきではない。それは意志 will の自由のかわりに出来心 whim の自由を打ち立てようとしたのである。

「自由」への強迫

何が違うのか。出来心とは、人格の全体およびその諸目的（それらの正常なパターンの一部は幼児期に形成される）との構造的結合をまったく欠いた、任意に生じる欲望いっさいである。今日では、ほんのつかの間のひどく不合理な欲望さえも、それが欲望であるなら、それだけで、必ず実現されねばならないと考えられるようになっている。したがって、欲望を無視すること、ときにはその実現を遅延させることまでもが、その人の自由の侵害として経験される。ある男がある女に会って、そのとき数時間ひまだったとして、彼が退屈していたとする。その場合、彼は彼女と寝るという考えを気軽に検討するかもしれない。そして、いったんその考えが彼の精神的スクリーンのうえに登場すると、彼はそれに従って行動することを決定する。その理由は、必ずしも、その女性が彼をとくに魅了したとか、彼の性的欲求がそれほどまでに差し迫ったものだったとかいうことである必要はない。そうではなく、願望として思い描いたものは行動に移したいという強迫的欲求こそが、その理由なのである。あるいは、たとえば、愛情に縁遠く孤独な青年が通りを歩いていて、若い看護師とすれ違いざまに、突然、刺したら面白いだろうなと思ったとする――そして彼は彼女を刺し、死に至らしめる、と。これらは、人々が出来心に従う数少ない例として片づけられるものではない。第一の行為は性交で、第二の行為は殺害であり、なるほどこのことは大きな違いではある。だが、それらに共通しているのは、出来心特有の性格である。これらの極端な事例の中間地帯に位置する事例は枚挙《まいきょ》にいとまがなく、誰もが自分自身についてそうした例を見つけられるであろう。

出来心であるかどうかの一般的な判断基準としては、それが「なぜWhy?」という問いに応ずるものではなくて「なぜいけないのかWhy not?」*という問いに応ずるものだ、ということがあげられる。まめに人間観察をしていれば、人々があれこれのことを〝したいか〟とたずねられると異常なまでの頻度で「いいに決まってるじゃないWhy not?」という言葉で答えはじめる、ということを発見するに違いない。この「なぜいけないというのかWhy not?」という言葉に含まれているのは、ある人が何かをするのはそれに反対する理由がないからであって、それをするための理由があるからではない、ということである。つまり、この言葉には、〝これは気まぐれな出来心であって意志の顕現ではない〟という意味が込められているのである。実は、出来心に従うのは、退屈はいやだという気持ちと入り交じった深い内的受動性があるからである。意志は能動性に基づいており、出来心は受動性に基づいているのだ。

個人的自由というフィクションが上演されるもっとも重要な場所は、消費という領域である。スーパーマーケットや自動車市場にとって、お客様は神様である。各商品のブランドは、〝お客様のご愛顧〟を求めて争う。複数のブランドが、客をテレビのスクリーン上で何ヶ月も誘惑

＊〔訳注〕〝Why not〟には、文字どおりの「なぜいけないか」という疑問のほかに、「やってもいいじゃないか」という反語、「やってみないか」という提案、「いいね、いいんじゃない」という同意の意味がある。これらすべての意味を有する日本語の言葉としては、俗語だが広く使われている「いいじゃん」という言葉がある。

し続ける。そして、客が買い物をするとき、客は力強い人間のように見えてくる。完全な自由を手中にし、A、B、Cという洗剤のうちのどれかを選択するのである。選挙に立候補した政治家が投票日まえに投票してくれと懇願するのと同じように、これらの洗剤すべてが、客の投票を懇願しているのである。お客様＝神様は、自分に提供される商品がどのようなものになるかについて何の影響も及ぼすことができないのだが、このことには気がついていない。また言うところの選択が「選択」などというものではまったくないことにも気づいていない。それは「選択」ではない。というのも、さまざまなブランドは本質的にはどれも変わらないし、ときには同じ会社によって製造されていることもあるのだから。

そこで、一般的な心理学的法則を、以下のように定式化することができる。無力感が大きくて、真正の意志が乏しいほど、服従の度合いは増すし、そうでなければ、出来心を満足させ、自分勝手を押し通さなければならないという強迫的欲望が増長してゆくだろう。

要約するなら、恣意《しい》性の強迫を合理化するもののなかでも中心的なのは、反権威主義の概念だということになる。なるほど、権威主義に対する闘いには大きな肯定的意義があったし、現在においてもそれはある。しかし、反権威主義は、ナルシシズム的な自己耽溺《たんでき》を合理化することがありうるし、また実際そうだったのである。このナルシシズム的自己耽溺は、滅することなき快楽の生活、子どもじみた奢侈《しゃし》な生活を求める。そこでは、ヘルベルト・マルクーゼによれば、性器的性愛の優位性すら権威主義的だとされてしまうのである。なぜなら、性器的性愛は前性器的――肛門的――倒錯の自由を制限するからである。* 結局、権威主義への恐怖は、ある種の狂気、すなわち現実から逃避したいという欲望を合理化するという機能を果たしている。現実は、その法則を人間に押しつけるものであるのだが、この法則から人間が逃れられるのは、夢やトランス状態、あるいは狂気のなかだけなのである。

* 〔訳注〕フロイトによれば、心理・性的発達は、大きく三つの段階すなわち口唇期・肛門期・性器期に分けられ、それぞれの段階においてリビドー（心的・性的エネルギー）は、口唇・肛門・性器の各性感帯をめぐって組織化されると考えられている。フロムは、『生きるということ』において、肛門期的性格を所有・節約・貯蓄、すなわち〈持つ〉様式に結びつけ、性器期的性格を分かち与えることと、すなわち〈在る〉様式と結びつけた。

第三部　〈存在〉へのステップ

第六章　「一つのことを志すこと」

どんな分野においても（もちろん生きる技においても）、非凡な仕事を達成するためには、まず一つのことを志すということが条件となる（Kierkegaard 1938）。一つのことを志すためには、その前提として、決意がなされていなければならず、一つの目標へのコミットメントがなされていなければならない。それはつまり、全人格が一つのことに向けられており、捧げられているということであり、そしてこの選ばれたゴールの方向にその人格の全エネルギーが注ぎ込まれているということである。

エネルギーが異なる方向に分裂していると、一つの目的にさかれるエネルギーが減少するだけでなく、衝突や葛藤《かっとう》がつねに引き起こされるためにいずれの方向のエネルギーも弱まってしまうという結果が生じる。

目的の対立

強迫神経症がいい例である。あることをなすべきか、それとも反対のことをなすべきか迷っている人、人生においてもっとも大切な人たちに対する態度が極端にアンビヴァレントであるような人がいるとしよう。おそらく、決意を下すにしても、また行動を起こす段になっても、その人の意志は完全に麻痺状態に陥ることだろう。「正常」であれば、つまり目的と目的とがそれほど激しく対立していなければ、費やされるエネルギーの量も少なくてすむ。そればかりか、ゴールに到達するために必要とされる能力も大幅に減少されるのだ。その目標がどのようなものであるか、物質的か精神的か、道徳的か非道徳的かなどは、実際上の問題ではない。自分のやっていることを首尾よくやりたい、もっと言えば立派にやりたいと思っているのなら、銀行強盗だって、科学者やヴァイオリニストとまったく同様に一つのことを志す必要がある。生半可な気持ちでやっていると、それぞれ刑務所入りになったり、非生産的で退屈な教授になったり、二流オーケストラの団員になったりする。もちろん、アマチュアの地位だけで満足するのなら話は別だ。泥棒だと面倒なことになるかもしれないし、科学者だと欲求不満になるかもしれないが、アマチュアのヴァイオリニストなら、優秀な仕事をやってのけようなどと思わなければ、自分の活動をその内在的価値のために思うぞんぶん楽しめることだろう。

人々の心のなかでしばしばゴールとゴールが矛盾して未解決のままになっているようなことは、よく観察されることだ。それらは、われわれの文化内に生じた分裂に、ある程度由来している場合もある。われわれの文化は、対立する規範のセットをその成員に提供することがある。

たとえば、慈愛や愛他主義などといったキリスト教的規範と、無関心や利己性などといったブルジョワ的規範である。実際には利己性の規範が広く採用されているが、にもかかわらずその一方で極めて少数の人々がいまなお古い規範の影響を受けている。とはいえ、それによって別の生き方をするようになるほどその影響力が強いというわけでもないのだが。

仕事と社会を人間的なものにするために

現代の産業社会では、全身全霊をかけて物事をするような機会はかなり少なくなっている。実際、終わることなきベルト・コンベアや役所のファイル書類や街頭清掃車にひっついて働いている人、郵便局の窓口の向こうで切手を売っている人が、意志の統一をはかって全身全霊をこめて事に当たろうとしたら、狂気に陥るおそれがある。そういうわけで、そのような仕事をする人は、それからできるだけ我が身を引き離し、あらゆる種類の物思いや白昼夢で頭を満たすか、それとも頭を空っぽにしてしまおうとするだろう。だが、仕事の出来ばえを高める余地のある職業も、まだ数多くある。ほんのいくつかの例だが、科学者、医者、芸術家などといった職業、あるいは秘書という職業でも仕事が興味深いものであればそれに該当するし、また看護師やバスの運転手や編集者やパイロットや大工の仕事などもあげられる。しかしながら、仕事の機械化とルーティン化が進めば、こうした可能性もどんどん狭められてゆくだろう。

そもそも、手作業や事務仕事であっても、ここまで自動化とルーティン化を進める必要はないのだ。最近なされた多くの実験が示すように、専門化しすぎる風潮を逆転させれば、また作業者が遂行方法を自分で決めるようにして、一つか二つの機械的運動の反復に限定させられることがなくなるような具合に生産方法を変えるならば、仕事の単調さは減少し、かなりの程度、仕事への興味や仕事の熟達が生じる可能性は開けるのである。

仕事の技術的側面でなく社会的側面を論じるとなると話はまた別だ。仕事が社会的なものであるということは、今日ではますます明らかになってきている。というのも、自動車工場から研究所に至るまで、ほとんどすべての仕事がチームワークとなっているからである。誰でも、自分がさまざまな仕方でさまざまな程度に対人関係の網のなかにいて、その一部をなしているということが分かっている。私が生活している社会的状況は、私自身の生の一部でもある。つまり、社会は私に影響を与えるのだが、このことは、私が社会に影響を与えるのと並行しているのである。企業のブルーカラーやホワイトカラー、病院の看護師や従業員が、いったん「雇われ」であることをやめ、自分たちで組織の運営に参加するとしたら、また同じ組織で働くすべての人たちといっしょにコミュニティを作ることができたとしたら、どうなるだろう。組織の合理化と人間関係の質の向上とによってすぐれた成果が出るような仕事が、彼らのなすべき仕事になるのではないか。そのような生産的な仕事にたずさわることによって、誰もが自分個人の生においても、生産的に働くようになるだろう。

社会的な組織の一つとしての仕事場から社会全体に目を転じると、社会がもっともよく組織された場合、それは万人に、全身全霊を込めて社会に貢献することのできる可能性を与えるものとなるだろう。しかしながら、このことが達成されるためには、社会やその政治的代表者や国家は、市民の前に立ちはだかり市民より上位に坐《まし》ます権力であることをやめ、市民の仕事の結晶であるような権力とならねばならない。現在のように疎外の程度がひどい場合には、それは極めて不可能に近い。社会が人間的なものになれば、社会それ自体が、人間のもっとも重要な作業事項（自分自身をのぞけば）となる。そして、個人と社会双方の目的は一致するようになる。

第七章　目覚めてあるということ

意識変容は目覚めをもたらすか

今日、意識状態の変容・拡大に関しては、新しい道を探求する求道者たちのなかからたくさんの発言がなされている。このことで通常意味されているのは、何か新しい光のもとで世界を見るということ、とくに物理的な意味で、より強烈な印象を放つ色彩と形態とを伴って、まったく独自の仕方で世界を見るということである。この変性意識状態 state of altered consciousness に達するために、さまざまな手段が推奨されている。おもに、種々の強度の心理的作用のある薬物や、自己誘導的なトランス状態などである。このような変性意識状態が起こるということに関しては誰も否定できまい。しかし、これらに熱中している人たちのなかで次のような問いを発する者など、皆無に等しいようだ。通常の状態において通常の意識の発達さえも遂げられていないのに、いったいなぜ意識を変容させたがるのだろう、と。実際のところ、変性意識状態に到達したいと夢中になっている人々のほとんどが、コーヒーや酒を飲み煙草を吸っている彼らの友人たちと同程度にしか、意識の状態を発達させていないのである。拡大した意識で盛り上がっているのも、狭い意識からの逃避であり、「トリップ」したあとも、トリップするまえの状態と変わらないし、彼らの友人たちがつね日ごろそうであるような状態と変わらない。つまるところ、彼らは半分しか目覚めていない人々なのである。

半分しか目覚めていない人たち

この「半分しか目覚めていない」という言葉には、いくぶん説明が必要である。しかも、私は大多数の人々が毎日をすごしているときの精神状態を指すためにこの言葉を導入しているのだから、なおさら説明が必要である。眠っている状態と目覚めている状態が区別できるというとき、われわれは確固たる根拠のうえからそうしているのだと信じている。そして、ある程度まではそうなのだろう。二つの状態には明らかに生理学的差異――つまり化学的・電気的にも現れる差異――がある。たとえば、心理生物学的見地からは、その違いは次のように記述することができる。覚醒状態においては、食・住など生活に必要なものを自給し、闘ったり逃げたりして自分の身を護る――人間だったら妥協をはかって当事者双方が危険を免《まぬか》れるなどといったかたちで身を護る――という機能が、人格全体によって実現されている。睡眠状態では、人間は、生存のために努力しなければならないという職務から解放されている。働く必要はない。ただ、異常な物音など非常事態を知らせる合図に反応して自己防衛のために目が覚めるくらいである。彼は内向きの状態にあり、自分に向かってメッセージを繰り出すことができ、自分の願望や恐怖や最奥の洞察が表出されているような劇を創作し、監督し、上演することができる。この場合の洞察とは自分や他人に関するものであるが、それが可能になるのは、覚醒中に土足で踏み込んでくる世間の声や錯覚によって彼が惑わされていないからである。*

実は逆説的にも、寝ているときのほうが、寝ていないときよりも覚醒しているのだ。夢はしばしば創造的活動の証拠となり、そして白昼夢は精神的怠惰の証拠となるのである。しかしながら、睡眠状態と覚醒状態はどちらも、分化されることなき二つの本質体などではない。それぞれの状態のなかに、数多くの下位状態が存在する。たとえば、浅い眠りから深い眠りへと向かうときにも、夢を見る状態（目の運動によって観察者にも確認され、専門的にはレム睡眠と呼ばれる）と夢を見ない状態とがある。

覚醒状態のなかに明確な区別が存在することも知られている。それらは、脳の発する異なった種類の電波を分析することによって研究されている。この分野の科学的知識はいまだ初歩的段階に留まるものである。しかしながら、厳密な方法ではまだ得られていないデータも、経験的自己観察から得ることは可能である。誰にでも分かることだが、機敏で周囲に開かれ気力に満ちた状態と、何らかの理由で鈍くなり不注意になっている状態とのあいだには違いがある。

＊ Fromm 1951 のなかにあるより詳細な分析を参照せよ。

同時にこれもまた一般に経験されることだが、これら二つの状態は、非常に素早く入れかわる。十分な睡眠が得られていないとか「ちょっと疲れた」などとわざわざ説明することもないほど、素早く入れかわるのである。「疲れた」状態を極度の機敏さの状態に変える要素は何なのか、分析してみると面白いだろう。

もっともはっきりとした例は人的影響によるものである。オフィスに座っていてルーティン・ワークをぼうっとしながらも正確にこなしている男がいるとしよう。彼は仕事を適切にこなすのに必要な分だけしか集中していない。この男がオフィスを出て、恋愛感情を抱いている女性に会ったとする。すると突然、彼は別人になる。抜け目なく、機知に富んだ、魅力的で、生き生きとした、精力的な男性に早変わりするのである。半分しか目覚めていない状態から大いに目覚めている状態になったのだ、と言うこともできるだろう。あるいはその正反対の例をあげよう。既婚者で、興味深い仕事に没頭しているときは非常に機敏で覚醒もしているとする。その彼が帰宅すると、まったく変わってしまう。退屈そうになり、半ばうつらうつらしながら、何かちょっとした刺激を求めてテレビを見たり酒を飲んだりするかもしれない。刺激になるものがないときは、何かとりとめのない会話を妻とのあいだで交わし、それが終わるとまたテレビを見、〝ああ一日が終わった〟と、ほっとため息をつくのである。ときおり退屈なセックスがおまけにつくこともある（もちろん、こうしたことは「退屈な結婚生活」において、つまり、もう愛ある状態に長らくないような――かつてはそうであったとしても――そのような二人のあいだでしか起こらない)。

ほかにも覚醒状態を喚起《かんき》するような動機はあるだろう。たとえば、危険にさらされたり、勝利か破滅か、それとも征服かという転機に立たされたり、あるいは刺激的な情熱が満たされたときなどである。誰かに次のように言われたとしてもそれは間違いではない。「君が何によって目を覚ますか言ってごらん。そうすれば君が誰であるか言い当ててみせよう」。

だが、完全に覚醒した状態がどのような性質を持つかはそのような結果を引き起こした刺激と関係ない、と考えるのは間違いだろう。危険を察知したために完全な覚醒状態に入った場合には、何よりも、その脅威に関する要素いっさいに警戒心が向けられる。ギャンブルでツキがまわってきて生き生きしている男は、そのギャンブル癖に対して彼の妻がどれほど悲しみ苦しんでいるのか、まったく気にせず鈍感なままでいるだろう。もっと一般的な言い方をすると、われわれが注意深くかつ機敏になるのは、生命上必要な課題(仕事をしたり、その生命に関わる利害を護ったりすることなど)や情熱を駆り立てるような目標(金銭を追い求めることなど)のためであり、その様態と程度に応じてである。このような部分的でいわば実用的《プラグマティック》な注意深さと違うのは、全体的覚醒の状態である。この状態では、生き残るためや情熱を駆り立てるような目標を満たすために意識すべきことを意識する、というのとは違うそれ以上のことが起こる。つまり、自分自身や自分の周りの世界（人々と自然）への〝気づき〟と自覚が起こるのである。ぼんやりとではなくはっきりと、表面だけでなくその根源も見えるようになる。世界は完全にリアルになる。それぞれの細部と、さらにその形状や構造のなかでのさまざまな細部が、一つの有意味なまとまりになる。まるで、永遠のごとく――それと気づかぬままに――目の前を覆ってきたヴェールが、突然、取り払われたかのような感じである。

「あるがまま」への気づき

次にあげるのは、誰もが経験したことのあるような覚醒の例である。ある人の顔をこれまで何度も見てきたとする。それは、親戚かもしれないし、友だちかもしれないし、知り合いかもしれないし、仕事の同僚かもしれない。それがある日、多くの場合は自分でもよく分からない理由から、突然その人の顔がまったく違ったように見えてくる。まるで新しい様相が加わったかのようだ。われわれにとってまったく生き生きとしたものとして見えてくる（このような場合、たとえそれが静止状態であっても）。それは、尋常ならざる明瞭さ、明確さ、現実味を帯びてくる。われわれは、そのなかに、その人を見る。その「問題」を見るのでも、その過去を見るのでもない。理論的考察をうながすようなものなどではなく、ただその人を、「あるがまま」の姿で見るのである。善人であるかもしれないし、悪人であるかもしれない。力強いかもしれないし、弱々しいかもしれない。粗野であるかもしれないし、繊細であるかもしれない（あるいはこうした要素が入り交じっているかもしれない）。いずれにせよ、その人はわれわれにとってまさにその人となるのであり、その顔が脳裏に焼き付けられるのである。これまでのように、精彩のない、にじんだり、かすんだりした姿でその人を思い浮かべることなど、もう決してできなくなる。もちろん、そのように際立ってくるのは、必ずしも顔だけではない。ごく少数の人にとっては、手や背格好や身振りや動作なども、同じように、あるいは場合によってはそれ以上に重要な意味を持ったものとして浮かび上がってくるのである。

二人の人間がお互いを見、お互いに気づく。相手を唯一無二のそのままの姿で見る。そこには壁もなければ霧もない。強烈な覚醒状態において相手を見ているのである。このような直接的で妨害のない覚知のプロセスにおいては、お互いについて考えるのではない。心理学的問題をたずねたりなどしないし、その人がどのようにして現在のようになり、そして今後どのように発達するのか、善人なのか悪人なのか、などといったことも問われない。二人はただただ気づき aware* の状態にあるのだ。その後、彼らは実際にお互いのことを考えるようになるかもしれない。つまり、分析したり、評価したり、解明したりしようとするかもしれない。しかし、気づきの状態にあるときに思考を巡らそうとすれば、気づきは台なしになってしまうだろう。

＊〔訳注〕〝aware(ness)〟は、文脈に応じて「気づき」「覚知」「自覚」と訳し分けている。

第八章　気づき

「気づき」の語義

「気づいている to be aware」「知っている to know」「意識している to be conscious of」という言葉は、通常は同義語だと考えられている。だが、「気づいている」という言葉の語源をたどれば、他の二つの言葉との違いは明らかである。英語とドイツ語の言葉の歴史において、〝*aware*〟（ドイツ語では *gewahr*）の源には、「気をつけること《アテンション》」や「気を張りめぐらせること《マインドフルネス》」（ドイツ語では *Aufmerksamkeit*）という意味がある。それはたいていは、何かに気づいている、あるいは気づくようになることとして解釈されている。これは単なる意識や知識以上の何かを意味する。つまり、それまであまり明白でなかったこと、もしくは期待すらしていなかったことを発見するという意味があるのである。言い換えれば、気づきとは、細心の注意を払った状態での知ること、あるいは意識することなのである。

気づきと思考

気づきのさまざまな意味について考察してみよう。気づきは、身体に関わることもあれば、心的状態（すなわち感情やムード）に関わることもある。

身体的な気づきの単純な例としては、呼吸についての気づきがあげられる。もちろん、われわれは自分が呼吸をしているということを知っている。だが、これは知的な意味での知識であり、呼吸、すなわち息を吸って吐いているという事実、あるいは腹部の動きなどを観察することによって証明されるようなたぐいの知識である。しかしながら、われわれが呼吸しているということについてのこのような知識は、呼吸という行為そのものへの気づきとはまったく違う。この違いは、ちょっとした実験をやってみれば誰にでも分かる。リラックスした姿勢で——だらけず、こわばらずに——座って、目を閉じ、何も考えずにただ自分の呼吸を感じるようにしてみる。これは決して言うほどたやすいことではない。というのも、たくさんの考えが邪魔をするからである。最初のうちはとくにそうなのだが、二～三秒もすると呼吸への気づきが頓挫《とんざ》し、たくさんの、しばしば関係のない事柄についての思いが去来するようになるだろう。呼吸に集中するのに成功していればその分だけ、呼吸のプロセスへの気づきが生じていると言える。それを無理にしようともせず、コントロールしようともせず、まったく目的もなくゴールもなく、呼吸という行為にみずからを明け渡す。呼吸に対するこのような気づきは、呼吸についての思考とはまったく別のものであるということが分かるだろう。実際、二つの様態は、互いを排除し合うようなものである。呼吸について考えるやいなや、呼吸という行為への気づきは不可能になるのだ。

　もう一つ別の例*、これも誰にでもできる簡単なものだが、それは次のようなものである。ふたたびリラックスした状態になって、目を閉じる。両手は膝のうえに乗せる（あの有名なアブシンベルのファラオ座像に見られるような姿勢）。腕を四十五度の角度まで上げようとする。これを通常の目を開けた状態でおこなう場合、われわれの神経系は関係する筋肉に信号を送り、そして腕が上がる。われわれはそれを直接的におこない、その効果は目に見える。命令は満たされ、それをもとの位置に下げるよう命令することもできる。われわれは腕の動きを経験したのであろうか。ほとんどの場合はそうでない。腕は道具となっており、ボタンを押して人工の腕を上げるのと大した違いはないのである。問題となっているのは効果であり、プロセスではない。通常の方法から離れて運動の経験に集中したいのなら、結果の状態を忘れて、腕がどう動くかが感じられるくらいゆっくり動かすようにしなければならない。手のひらを置いてある場所からかすかに上げるところよりはじまって、それが「飛んでいる」瞬間に至り、次に徐々に離れてゆき、ほぼ予定された高さにまで到達し、それからふたたび完全に安置されるまで下に動かしてゆく。このちょっとした運動をすれば誰もが気づくであろう。自分は腕が運動するのを経験しているのであり、「運動」を目撃しているのではないということを。また、運動への気づきにあまりにも集中しているために、それについて思考したり反省したりすることがないということも認識するだろう。事前あるいは事後にそれについて思考したり反省したりすることはあっても、気づきに至るプロセスにおいては、思考は排除されるのだ。

同じような原理は「動きの技 the art of moving」（カティヤ・デラコヴァが提唱）や中国古来の伝統的な連続運動である太極拳にも見られる（後者は、「センサリー・アウェアネス」の要素と集中した瞑想状態とを結びつけているので、とくにお薦めである）**。

感情やムードに関しても、同じような違い、すなわち気づきと思考の違いがある。私が喜びや愛や悲しみや恐れや憎しみの感情に気づいているとすれば、それは私が感じているということ、そしてその感情は抑圧されていないということを意味するのであり、自分の感情について反省したり思考したりしているということを意味するのではない。私が感じているところのものを「私は意識している」と言うのもまた正しい。"*conscious*"〔意識している〕は、ラテン

* この例は、「センサリー・アウェアネス」という方法からとった。それは Brooks 1974 のなかで記述されている（シャーロッテ・セルヴァによる応用形）。

** 私は、シャーロッテ・セルヴァには一九四〇年代に「センサリー・アウェアネス」の教えを受け、カティヤ・デラコヴァにはここ十年間「動きの技」ととくに太極拳の教えを受けている。

語の語源では、*con*（ともに with）＋ *scire*（知る to know）であり、すなわち知ることへの参入、あるいは「精神力の覚醒を伴って」という意味である。意識しているということには、「気づいている」ということにも似た能動的要素が含まれているのである。ドイツ語でそれに相当する言葉〝*Bewusstsein*〟〔意識・自覚〕は、さらに表現力に富んでいる。それは意識している存在 bewusstes Sein なのである（十八世紀までの哲学的言語では「意識存在 bewusst Sein」と二つの言葉を並べるかたちで用いられていた）。

隠蔽されたものへの気づき――マルクスとフロイトの批判理論

ここまで、私は隠されていないものへの気づきを論じてきた。それと違うもう一つの気づきは、隠されているものに気づくような気づきである。この、隠されているものに気づくということは、無意識的であるようなもの（抑圧されたもの）について意識的になるということと同じである。あるいは、抑圧されているものを意識的なものに変えるということである。というのも、何か無意識的なものが意識的になる場合は、概して能動的な努力が必要となるからである。このプロセスを啓示的あるいは暴露的な気づきと呼ぶこともできる。

後期産業社会の初頭に登場したもっとも徹底的かつ目覚ましい二つの批判理論といえば、マルクスとフロイトの批判理論があげられる。[*] マルクスは社会的歴史的プロセスにおける運動する力〔権力〕と対立《コンフリクト》を明らかにし、フロイトは内的葛藤《コンフリクト》を批判的に暴露することを目指した。どちらも人間の解放のために働いた。マルクスの概念のほうがフロイトの概念よりも包括的で時代的拘束《こうそく》が少ないけれども。どちらの理論も批判的思考、すなわち解放的思考というもっとも重要な性質をすぐに失い、大勢の「忠実な」弟子たちによってイデオロギーに変えられ、創始者その人は偶像に変えられてしまった。

フロイトとマルクスの批判的分析が同じ理念の二つの異なる次元での表現として考えられるという、その根拠として、ある一つの根本的な考察があげられる。

気づきは、内的葛藤の暴露のみを指すのではなく、イデオロギーによって否認され、かつ調和させられているような社会生活上の対立〔社会的な合理化〕の暴露をも指す。個人は社会の部分をなし、社会構造を離れては考えられないので、社会的現実に関する錯覚は、個人の精神の明晰さに影響を及ぼすのであり、したがって個人が自分自身に関する錯覚から自由になることをも妨げるのである。見る能力は〔内と外に〕分割することができない――それは盲目についても言える。人間精神の批判的能力は一つのものである。内的洞察は可能だが外界が関与するかぎりでは盲目であると言うのは、ロウソクが一方向にしか光を照らさず、その光がすべて

＊　仏教もまた批判理論の一つである。それは、マルクス主義と同様、何百万人もの人間の活動を呼び覚ました。マルクスの理論が十九世紀にしたのとちょうど同じように（この並行関係をわたしに指摘してくれたのはZ・フィッシャーである）。

の方向には至らないと言っているようなものである。理性に備わっている批判的で洞察力ある暴露的な思考能力は、このような全方向を照らし出すロウソクの光なのだ。

気づかないほうが幸せ？

そこで二つの疑問が生じる。気づきが解放的効果を持つことなどありうるのだろうか、もしあるとすれば、それはどのようにして解放的効果を持つのか。さらに、気づきは必ずしも望ましいことであろうか。

解放的効果がありうるということには疑う余地がない。人間が〝幻影のごとき錯覚〟illusion の鎖を振り払って、その由来、すなわち現象の原因を洞察することができるということを示す例は、歴史を通して多数ある。私はここで何も「偉人」のことばかりを指しているのではない。そうではなく、多数の凡人たちのことをも念頭に置いているのである。彼らは、ときおりよく分からない理由から、自分たちの目を遮《さえぎ》る幻影を振り払い、物事を見はじめるのである。これについては、あとの精神分析の議論のところでもっと多くのことを述べたい。

なぜ解放的効果がありうるかという問いに対しては、以下の考察に一つの答えを求めることができよう。つまり、世界における人間の立脚の力強さは、その現実認識がどの程度適切であるかによる、という考察である。現実認識が不適切であればあるほど、方向感覚を失い、不安定となる。そのため、寄りかかるべき偶像を求め、ついには安心を見いだすのである。現実認識が適切であればあるほど、自分の足で立つことができ、自分自身のなかに中心を持つことができる。人間はアンタイオスのようなものである。つまり、母なる大地に触れているうちはエネルギーが充満していたが、彼の敵〔ヘラクレス〕によって空中に長いあいだ持ち上げられたために、ついに敗れ、殺された、あのアンタイオスのようなものである。

盲目さを振り払うことが望ましいことであるかどうかという問いに答えるのは、もっと難しい。隠された対立・葛藤を洞察することによって建設的解決が導かれ、その結果より良き生 well-being がもたらされるとすれば、それが望ましいということに、そう異論はあるまい。労働者階級がみずからの状況に気づくとすれば、これは、マルクスが期待していたことである。労働者階級は、その幻影〔錯覚〕を捨て去れば、いかなる幻影をも必要としないような社会を築き上げるであろう（そしてこのことは果たされえた、というのも歴史的条件は熟していたのだから）。また、フロイトは、意識的力と無意識的力のあいだの隠された葛藤を洞察することによって、神経症の治療がなされると確信していた。

だが、対立・葛藤が解消されえない場合はどうなるのか。現実生活における解放に役立たないような直視しがたい真理よりも、幻影とともに生きてゆくほうが、人間にとって幸せなのではないか。宗教の教えが、マルクスやフロイトが信じていたように幻影〔幻想・錯覚〕であったとしても、それはそもそも人間が生存してゆくために必要な幻影だったのではないか。もし人間がこの幻影を放棄していたとしたら、そしてより人間的な社会秩序を形成したり、個人の良き生を増進したりするチャンスなどまったくないことにただ絶望するだけだったとしたら、いったいどのようなことが起こっていただろう。あるいは、サディズム的で強迫的な人がその苦しみの根源を認識しておきながら、それでいて多くのありそうな理由から自分は変わりようがないということをも知っていたとしたら、どうだろう。盲目のままでいて自分の合理化を信じ続けるほうが、その人にとって幸せなのではないだろうか。

誰がこの問いにあえて答えてみようと思うだろう。一見したところ、人間を不必要に苦しめたくないという願いは、その幻影から解放したくないということを弁護するための十分に正当な理由であるように思われる。それでも私は、この答えにいささかの疑念を抱くことを禁じえない。これは、末期的症状についての真実を患者に伝えるべきかどうかという問いと同種の問いなのではないか。それは、患者から自分自身の生に直面する最後の可能性を奪うことにはならないか。すなわち、それまで働かせてこなかった内的な力のすべてを結集し、恐怖を乗り越え、静かだが力強い境地へと高まってゆく最後の可能性を奪うことにならないだろうか。いま述べたこの問いは、しばしば議論されている。そこに立ち会っているもっとも親しい関係者であれば、どちらか一方の解決策を教条的に選ぶなどということは受け入れられないだろう。それは死にゆく人のパーソナリティがどのようなものであるかによるということに、彼らは同意するだろう。そして、次のことにも同意するだろう。患者の内面の顕在的・潜在的な強さを推《お》し量《はか》り、その最奥のしばしば表現されることなき願望を理解するという努力をしたあとでなければ、判断は不可能である、と。いかなる信念であれ、「本人にとって一番よいこと」とはどのようなときでも必ずこれだ、という教条的な信念のかたちをとるのであれば、それに基づいて真実を押し付けるのは非人間的ではないか、というのが私の考えである。

対立・葛藤と幻影・錯覚一般の問題においても、同様の立論が妥当であるように思われる。第一に、例の問い〔「気づかないほうが幸せではないか」という問い〕は、部分的にはまったく抽象的なものであり、したがって間違った問いなのである。社会階級の場合と同様、個人も大部分は、積極的解決策を持たないような脱錯覚〔幻滅 disillusionment〕には耐えられないのであり、批判的思想家たちがたとえ天使の声で話しかけたとしても、脱錯覚をうながすような分析にはまったく耳を貸そうとしないし、理解しようともしないし、きっと同意もしないだろう。社会や個人の生は抵抗の強さを示す例にあふれており、引き合いに出す必要などまったくないほどである。だが、それほど強い抵抗を示さない者についてはどうだろう。その幻影・錯覚を温存しておいたほうがよいと、必ずしも言えないのではないか。

この問いに答えるためには、真理に気づくようになるということが解放的効果を持つこと、つまりエネルギーを解き放ち、精神から霞《かすみ》を取り払うような効果を持つということを思い出さねばならない。その結果、より独立した存在となり、自分自身のなかに中心を持つようになり、より生き生きとしてくるのである。現実には何も変えられないと思い知らされるかもしれないが、羊としてではなく、人間として生き、そして死ぬということには成功するだろう。苦痛を回避し安楽を最大限にすることが至高の価値だというなら、たしかに幻影は真理よりも好ましい。他方、すべての人間は歴史のどの時代においても十全たる人間になる潜在的可能性を有して生まれ出ているのであり、その死とともにその人に与えられた一つのチャンスが過ぎ去るのだとすれば、幻影を振り払い、人格を最大限に充実させるということが持つ人間的価値は、十分擁護《ようご》するに値する。さらに、諸個人が物事をよりよく見るようになれば、できるだけ早い時期に社会的・個人的な変化をつくり出す可能性も高くなる。そうすれば、その精神や勇気や意志が衰えて変化のためのチャンスが消え去るまで逡巡《しゅんじゅん》するというよくあるパターンにも陥らないだろう。

偶像からの自立

以上の考察すべてから次のような結論が引き出される。気づきを高めてゆく能力、また精神的なことに限って言えば問いを発し続け批判的に思考する能力を引き出し、増進するものすべてが、〈存在〉の技においてはもっとも重要なステップになる、と。これは、知性や教育や年齢の問題には収まらない。それは本質的に性格の問題なのである。より詳しく言えば、みずからが獲得したあらゆる種類の非合理的な権威や偶像から、どの程度人格的に自立しているか、という問題なのである。

このような自立性の増進はいかにして可能となるだろうか。ここで言えるのは、ただ次のことである。非＝服従 non-submission（ここで言っているのは内的な非＝服従であり、必ずしも極度に挑戦的で教条的な反抗のことではない）の決定的重要性にひとたび気づくならば、服従の小さな徴候にも非常に敏感になり、それを正当化する合理化を見透かすようになり、勇気ある実践におもむくようになる。そうすれば、何が問題だったのか、そしてその核心は何だったのかということが分かるようになり、自分一人の力で多数の答えを発見することができるようになる。他のいっさいの事柄と同様に、ここでも、問題に対する答えが見つかるのは、問題が火急の事柄であり、それを解決することが生死に関わる事柄だと感じるときだけなのである。差し迫った関心事がまったくなければ、理性と批判的能力は低い活動レベルでしか働かない。そのようなときには観察力も発揮されないように思われる。

もう一つの役立つ態度は、深い不信の態度である。われわれの耳に入ることのほとんどは、単に非真実であるか、半分だけ真実で半分は歪曲であるのだから、そして新聞などで読むことのほとんどは事実として供されてはいるものの歪曲された解釈であるのだから、徹底的な懐疑主義で出発するのが断然ベストである。耳に入るもののほとんどは虚偽か歪曲であるらしいという仮定から入るのがよい。もしこのことがあまりにも冷徹で世をすねた態度《シニカルな》であるように聞こえるならば、私は何もまったく文字通りのことをせよと言いたいのではない、と付け足さねばならないだろう。むしろ、私が強調したいのは、人々が真実を述べているということを、その反対が証明されるまでは信じるという逆の前提よりも、こちらのほうが衛生的だということなのである。

私が話しているのは発言の真実さについてであり、人々が嘘つきであると主張しているのではない、と言っておけば、私の勧告もそれほど厭世《えんせい》的には聞こえなくなるだろう。もしも、大部分の人はこうしてふるいにかけられるのだよと言うのであれば、話は簡単になるだろう（耐えがたくもなるが）。だが実際には、その発言が非真実であったり半分だけ真実であったりするような人の大多数は、真剣に自分が真実を語っているのだということを信じており、あるいは少なくともその発言をしているあいだは、そう自分を納得させているのである。

自覚〔みずから気づくこと self-awareness〕に至る実践的ステップについては、のちほど〝精神分析と自己分析〟の章で論じるであろう。だが、まずは生の技を学ぶときに踏むべきほかの段階について論じておきたい。

第九章　集中するということ

集中することの難しさ

　サイバネティクス的な人間の生活において、集中力はもの珍しいものになっている。それどころか、まるで集中することを回避するためなら何でもやりそうである。そのような人間は、複数のことを同時にやりたがる。たとえば、音楽を聴きながら、本を眺め、つまみ食いしたり、友人とお喋りしたりする。ある漫画が、このような風潮を極めて簡潔に描いている。そこでは、男が自分のベッドの上方に壁掛けテレビを設置している。そうすれば、性交渉のあいだも画面を見られるというのである！

　まったくのところ、テレビは集中力をなくすためにはよい先生だ。広告のために番組を一時中断するということ、これによって視聴者は集中しないように条件づけられるのである。読書の習慣にも同様の傾向が見られる。アンソロジー〔選集・論文集〕を編集し出版しようという流行が、この風潮を助長している。しかも悪いことに、著者の思想の断片が、その本を読む代用品として供されている。それによって、複雑な思想体系をつかみ取るために集中する必要はなくなる。それよりもはるかに集中力を要さない、食べやすいように切り取られた「身の部分」をほおばればよいのだ。学生の多くは、アンソロジーや要約がなくても、本を丸ごと通して読まないのが習慣になっている。序論、結論、教授の指示した頁をいくつか、それで少なくとも表面的には、集中力を要さずに、著者の思想を「知る」ことができる。

会話をしていても、さほど話題に集中しているわけでもなく、相手に意識を集中しているわけでもない。平均的な口頭でのやり取りを観察すればこのような例はいくらでも見つかる。人々は一人になってもやはり、何事にも集中するまいと努める。新聞や雑誌など、気軽に読めて本当の集中力をまったく必要としないようなものを、すぐさま手に取るのである。

集中することがそれほどまで稀《まれ》な現象となってしまったのは、人々の意志が一つのことに向かっていないからだ。わざわざ努力して集中すべきものなど何もない。というのも、情熱的に追い求めなければならない目標など何もないのだから。それだけではない。人々は集中することを恐れているのである。なぜなら、他の人や理念や出来事に没頭しすぎると、自分自身を失ってしまうかもしれないからである。〝自分以外のことに集中すると自分を失うことにならないか〟という危惧《きぐ》は、自我が弱ければ弱いほど強まる。〈持つ〉指向が支配的であるような人にとっては、この自我喪失の恐怖が、おもに集中を妨げる要因の一つとなっている。最後に、集中することは忙しさではなく内的活動を必要とするのだが、忙しさが成功の鍵となっている今日ではこの内的活動は珍しいことになっている、という理由もあげられる。

人々が集中することを恐れる理由はまだある。彼らは集中することがあまりにも労力を要する活動だと思っており、すぐに疲れ、飽きてしまうのである。だが実は、誰もが自分で観察できることだが、逆こそ真なのである。集中力の欠如こそが疲労や退屈さを誘うのであり、むしろ集中することは人間を覚醒させるのである。これはなんの不思議でもない。集中力が伴わない活動においては、課題を遂行するためには低レベルのエネルギーでも十分に用は足りるので、エネルギーが動員されないのだ。エネルギーの動員は、生理的側面だけでなく心的側面においても起こるので、生き生きとした感じをもたらす効果があるのである。

先の分析でも見たように、集中することが困難になった原因は、現代の生産・消費システムの構造全体にある。人間の仕事が機械の手助けと変わらなくなる、あるいは、まだ鉄や鋼鉄で案出されていないような機械部品の代用品と変わらなくなれば、その分だけ、人間は集中する機会を失うのである。仕事のプロセスはあまりにも単調で、真の集中が生じる余地などない。同じことが消費についても言える。市場は可能なかぎり多くの異なった娯楽の断片を提供する。それはあまりにも多様なので、どれか一つのことに集中することが、不必要でもあれば不可能でもあるほどだ。飽きっぽくて、新製品が出ると目新しいというだけで興奮して飛びつく、ということを人々がやめてしまい、少数の物事に集中しはじめたとしたら、いったい産業が成立する余地などどこにあるだろう。

静座と集中のすすめ

集中できるようになるためには、どうすればよいのか。この問いに対する答えは、ごく簡単なものになるか、ごく長いものになるかのどちらかである。紙幅の関係上、ごく手短に答えねばなるまい。

第一段階として私が薦めるのは、平静になる方法を練習するということである。具体的に言うと、たとえば十分間じっと静かに座って、何もせず、できるかぎり何も考えず、ただ自分自身のなかで起こっていることに気づくようにする、というものである。〝そんなことたやすいよ〞と考える人は、一度もそれを試してみたことがない人である。やってみればすぐさま、それが極めて難しいということに気がつくだろう。自分がそわそわしているのが分かるだろう。たとえば、手や脚や体がそわそわ動いているのが分かるだろう。このことがもっとはっきりするのは、ファラオの像や絵などに見られる古典的な座り方を試してみるときである。つまり、脚を交差させず、しっかりと前に置き、手はひじ掛けか膝のうえに置くという座り方である。だが姿勢は、時代遅れの軍隊式体操で習ったような堅苦しいものになってもいけないし、だらしなくたるんだものになってもいけない。そうではなく、身体は調和のとれた態勢にならなければならない。生命感にあふれ、〔受動的な意味ではなく〕能動的な意味で快適な感じがするようでなければならない。こうした座り方ができるようになると、詰め物でぱんぱんになった椅子は居心地が悪くなり、直線的な椅子に座るほうが快適に感じるようになる。

この座る練習は、集中力を養うための第一歩である。十分間だけのものから十五分ないし二十分のものへと時間を延ばし、毎日、規則正しく、朝おこなうべきである。夜にも、少なくとも五分から十分、練習することを強く薦める。そして可能であれば、日中にもう一度やるとよい。かなりの時間、平静さを保つことができるようになったあとで――一ヶ月から三ヶ月は努力を持続させねばならないかもしれない――その平静な状態のあいだかあとで、直接的な集中の練習を加えるとよい。実際には、いく通りかのやり方が考えられる。たとえば、コインに照準を定め、そのあらゆる細部に完全に集中する、目を閉じてもそれがありありと見えるくらいにまで。他にどんな物体を用いてもよい。花瓶、時計、電話、花、葉、石、そのほか集中したいと思うものなら何でも。また、物体のかわりに、一つの単語に集中してもよい。

何ヶ月ものあいだは、たくさんの関係ない思いが頭をよぎり、集中を妨げるであろう。あらゆる生身の存在について言えることだが、ここでも力づくはなんのいい結果ももたらさない。結局、雑念をまるで敵のように扱って力づくで締め出そうとしても、なんの役にも立たない。結局、戦いに勝てなければ敗北感を味わうだけだ。そうした雑念も、やさしくていねいに扱わねばならない。それは、自分自身に対して辛抱強くなければならない、ということを意味する（短気でせっかちになるのは、たいていの場合、力づくでやろうとするからである）。ゆっくりと、実際極めてゆっくりと、邪魔な思考が登場する頻度は減少し、前よりもよく集中できるようになるだろう。

もう一つの、もっとずっと手ごわい障害は、眠くなるということである。いまにも自分が眠りそうになっている、などということは頻繁に起こるであろう。これもまた、ひとまたぎしてゆかねばならない。即座にもう一度やり直すか、いく度か深呼吸すればよい。眠気がしつこく残るようなら、いったん中止して、もっと具合のよいときにやり直すことだ。こうした困難にうまく対処しなければならないために、集中力を養う道は困難を極める。というのも、大部分とまでは言わないが多くの人は、しばらくしてから失敗を振り返り、落胆してしまい、やる気をなくしてしまうからである。自分がうまくできなかったことについて自己批判するかもしれないし、そもそも方法がとにもかくにも間違っていたのだと決め込んで、自分の失敗を合理化するかもしれない。あらゆる学習の営みについて言えることだが、ここでも、失敗を大目に見る能力が決定的に重要である。

対象が機械によって吐き出されてくるような機械的生産においては、失敗もないが、また卓越もないだろう。機械による生産に慣れると奇妙な錯覚にとらわれるようになる。つまり、卓越への道はまっすぐで快適だ、という錯覚である。たとえば、ヴァイオリンはひっかくような雑音など出さないだろう、ある哲学体系を勉強するときに、解けない問いに出会ったり、わけが分からなくなってしまうようなことなどないだろう、料理の本に載っているレシピを読んでからならば、完璧な食事を作ることができるだろう、などといった錯覚である。どんなことでも、それを成し遂げる際には、失敗や失望が必ずつきまとう。もちろん、それは集中力を養う道においても同じである。このことさえ分かれば、落胆と意気消沈——これは集中力を養う際には避けがたい——にとらわれずにすむだろう。

思考・感情・他者への集中

上述のような簡単な実修といっしょに、あるいはその後に、思考と感情について集中する練習をおこなうとよい。たとえば、何か語るべき有意義なことを持っていると目される著者によって書かれた意義あるトピックについての本を読み、自分がどのような仕方で読んでいるかを観察してもよいだろう。一時間後に落ち着かなくなっていないか、飛ばし読みしていないか、一読しても頭に入らないような頁があって読み直していないか、著者の議論について考え、自分なりの応答や新しい発想を組み立てているか、著者に異議申し立てしようとしてあれこれの箇所の批判に拘泥《こうでい》したりせず、著者の真に言わんとするところは何か理解しようと努めているか、何か新しいことを学びたいとか、反対意見の論駁《ろんばく》によって直接間接に自分自身の意見を確かめたいと思っているか。

　われわれが集中して読書しているかどうかを確かめるのに役立つ指標はいくつかあるだろう。そして、もし自分が集中していないということが分かったら、読書しながら集中する実修をおこなうべきだ。しばしば読む本を少なくしなければならなくなるが、著者の思想の本質に迫るようにしながら集中をはかるとよいだろう。

　他の人間に集中することと思考に集中することは、本質的には異ならない。われわれの対人関係上の問題は、集中の完全な欠如から生じることが多い。この主張を裏付ける事例の収集は、読者それぞれの経験にまかせよう。われわれは性格の判定者としては非常にお粗末である場合が多い。というのも、他者のパーソナリティの表面をなぞる以上のところまで踏み込まないからである。すなわち、何を言っているか、どう行動しているか、どんな立場にあるか、どんな着こなしをしているかなどといったことにとどまっているのである。要するに、われわれは他者がわれわれに見せる仮面《ペルソナ》を観察しているのであり、このマスクを取り、背後にある人物《パーソン》が誰であるかを見るために、その表面を見透かすなどということはしないのである。こうしたことができるのは、われわれが他者に集中しているときだけであるのだが、われわれはどうやら誰かを――自分自身をも含めて――十全に知るということが怖いようである。

このプロセスの円滑な運行を妨げるのは、個人性である。ある一人の人を集中して観察すれば、われわれはいやおうなく共感 compassion や配慮 care をもって、あるいは場合によっては恐怖をもってそれに応答せずにはいられないが、こうしたことはすべてサイバネティクス的な社会のスムーズな機能にとって好ましくない。われわれは距離を保っていたいと思う。互いに相手を知るのも、いっしょに生活し、協力し、安全でいるのに必要な分だけにとどめたいと思う。だから、表面上のことについての知識のほうが望ましく、集中することによって得られるような知識は邪魔になるのである。

ほかにも役に立つ集中の形態はある。たとえばテニスや登山などのスポーツ、チェスなどのゲームがある。それから、楽器を演奏したり、絵を描いたり、彫刻をするなどというものもある。これらの活動はすべて、集中してやることもできれば集中せずにやることもできる。最初は、これらも集中力なき状態でおこなわれるだろう。したがって、集中力を養うのにはなんの役にも立たないだろう。それに対して、集中力を伴ってなされるのであれば、必ずやその精神的効果は一変する。だが、こうした活動をまったくしなくても、集中した状態で持続的に生活することは可能である。あとで見るように、マインドフルネス〔念処《ねんじょ》〕という仏教的概念が意味するところは、精確には、いついかなるときにおいても自分のおこなっているあらゆることに十全に集中しているような有り様のことである。たとえ、それが種を植えることであろうと、部屋を掃除することであろうと、食事をすることであろうと。禅師が言っているように「眠るときは眠る、食べるときは食べる……」のである。

第十章　瞑想するということ

集中力の実修と、〈存在〉の技を学ぶための基本的準備の一つである瞑想とのあいだには、直接的なつながりがある。

自己暗示の技法

まず最初に、二つの異なった種類の瞑想があることを認識しておかねばならない。一つは、自己暗示の技法で誘発させられた軽度のトランス状態で、精神的・肉体的リラクセーションに至り、安らかでリフレッシュした、まえよりも精力的になったような感覚を実修者にもたらすものである。このような方法の一例としては、ベルリンの故I・H・シュルツ教授によって開発された「自律訓練法 autogenous training」があげられる。これは何千もの人々によって実践されてきており、総じてよい効果をもたらしている。* シュルツ自身主張していることだが、

＊　わたしと妻はシュルツ教授といっしょに研究していたが、あまりよい効果は得られなかった。というのも、その方法の自己暗示的性格に対して内的抵抗が起こったからである。

この方法は精神的リラクセーション以外には何の役にも立たない。また、それは自分自身で実践しなければならない方法であるから、完全に受動的というわけではなく、教師の人格に依存させられることがない、ということも付け加えておこう。

仏教的瞑想法

自己暗示的な形態の瞑想と対照的なのは、執着や貪欲や幻影などのない高次の境地に達することを主目的とする瞑想、要するにより高いレベルの〈存在〉に達するのに役立つような瞑想である。仏教の瞑想に私が見いだしたのは、簡潔で、神秘めいたところがなく、暗示的でもないような形態の瞑想であった。その目的は、貪瞋癡《とんじんち》〔貪欲と憎しみと妄想〕のやんだ状態という仏教の目指すゴールに人間を近づけることである。幸い、仏教の瞑想については、ニヤナポニカ・マハテラによるすぐれた解説がある（Nyanaponika 1973）。これは、仏教の瞑想法を真剣に学ぼうとしている人に、私がいつも薦めているものである。この本の言わんとするところは、次の発言に端的に示されている。仏教的瞑想の目的は、われわれの身体的精神的プロセスについての最大限の気づきにある。著者は次のように述べている。

仏陀の念処《ねんじょ》 *Satipatthana*［マインドフルネス］についての法話*には、正しい念処の体系的修習が説かれている。[**] それは、精神の鍛練と修練に役立つ方法としては、今なおもっとも簡潔にして直接的、もっとも徹底的で効果的なものを提供してくれている。日常の課題や問題のためにも役立つが、もちろん、その最高の目的である、貪瞋癡からの揺らぐことなき解放を精神自身が達成するのにも役立つ。

仏陀の教えは、非常に多種多様の精神的鍛練の方法と瞑想の主題を提示してくれている。それは、さまざまな個人の要求や気質や能力に対応するものである。しかし、これらの方法はすべて究極的には「念処の道」に合流する。これは師みずからが「唯一の行道」（あるいは一乗道 *ēkayānamaggo*）と呼んだものである。したがって、念処の道は、まさしく「仏教的瞑想の核心」とか、さらには「法の精髄」（*dhamma-hadaya*）と呼んでもいいようなものであろう。この偉大な〈核心〉は、実際、教説の全体系〔法身〕（*dhamma-kāya*）のいたるところで脈打っている血流いっさいの中心なのである……。

この古くからの念処の道は、二千五百年前と同様、今日においても実修可能なものである。東洋においても効果的であったように、西洋の国々においても効果的なものである。

* Lazetto 1974 の〈注意深さ Watchfulness〉について書かれた二〜五章を参照せよ。
**〔訳注〕仏教では四つの念処が説かれており（四念処）、それらは、浄・楽・常・我の四顚倒を打破するための修行法で、身体の不浄性を観察し（身念処）、感覚の苦性を観察し（受念処）、心の無常性を観察し（心念処）、法の無我性を観察する（法念処）ものとされる（『岩波仏教辞典』岩波書店）。

僧房の平安においても、人生の混迷のただ中においても同様である……。
　正しい念処は、実に、正命と正思の欠くべからざる基礎であるから、いつでもどこでも誰にとっても重要なものである。すべての者にとって重大なメッセージなのである。確信に満ちた仏陀の信奉者とその教説（法 Dhamma）にとってだけ重要なのではない。制御しがたい心を支配しようと努力する者、より大いなる力強さと幸福を達成しうる潜在的能力を開発したいと真剣に願っている者、そうした者すべてにとって重大なメッセージなのである（pp.7, 8）。

　念処が修習されるのは、呼吸への気づきを中心とするような瞑想行だけではない。それは、日常生活のあらゆる瞬間にも同様に適用されうるのである。それは物事をなすのに狂ったようにやれということではない。そうではなく、歩くことであれ、食べることであれ、考えることであれ、見ることであれ、身近にあることに完全に集中して取り組め、そうすれば生きることは、十全な気づきによって完全に透明になるだろう、というのである。「念処は、全人格と経験の全領域を包括する」（Ibid., p.57）とニヤナポニカは言っている。それは〈存在〉の全領域にまで拡張される。ある人の心の状態へ、そしてある人の心の精神的内容物にまで拡張される。あらゆる経験は、念処《マインドフルネス》とともになされるのなら、明確で、判然としたリアルなものとなる。

したがって、自動的でなくなり、機械的でなくなり、拡散したものでなくなる。完全な念処の状態に達した者は、すっかり目覚めている。つまり、リアリティに関して、その深さにおいて、その具体性において、しっかりと気づいているのである。そのような者は、集中しているのであり、狂っているのではない。

念処において上達するための実修の第一のものは、呼吸である。それは著者も強調しているように、念処の修習であって、呼吸の修習ではない。さらに、

> 仏教の修行の場合、息をためるなどといった呼吸を妨げるようなことはいっさいおこなわれない。ただ、その自然な息吹をまったく「ひたすら観察」するだけのことを、しっかりと安定した注意を保って、しかも気楽で「弾むような」注意でもって、つまり緊張や硬さをなくした状態でおこなうのである。息の長さや短さは頭に入ってくるが、意図的に調節しないようにする。だが実修を定期的に続けていると、極めて自然な結果として、呼吸を静め一様にならして深めてゆくということが伴うようになる。そして、呼吸のリズムを安定させ深めるということは、生活のリズムを安定させ深めるということにつながるのだ。このようにして呼吸への念処は、身体的精神的健康のために重要な要素となる。むろん、それはこの実修の付随物にすぎないのだが（Ibid., p.61）。

ニヤナポニカによって記述されている古典的な仏教的瞑想では、息念処の次に、身念処が来る。身体のあらゆる機能を明々白々に把握することが続き、そして、感情や精神の状態や内容についてはっきりと気づくということ（自己知）が後に続く。

貪瞋癡の克服とリアリティへの気づき

ニヤナポニカ・マハテラが属す上座部仏教で実修されているような瞑想について、この短い概観で、十分に明快かつ詳細に紹介することは不可能である。したがって、気づきを拡大するような瞑想に真剣に関心がある者には、『仏教的瞑想の核心』*The Heart of Buddhist Meditation*を勉強するよう勧めるしかない。ただ、この提案に付け加えたい留保が一つある。著者自身は、この方法が、仏陀の教えを堅く信じる者だけのものではないと述べている。だが、著者は極めて学識ある仏教僧であるため、仏教の教説を伝統的なかたちのままで提示している。輪廻などの仏教的教説の多くや、小乗仏教のなかに確かにある生否定的な傾向や、死体の醜悪さを観想することによって渇愛の空しさを得心するよう勧める技法などに賛同しない者——私自身そうなのだが——の多くにとって、著者が記述する方法そのままで瞑想を実修するのは難しいだろう。しかしながら、いま述べたような教説はさておき、次に示す二つの中心的教説は、私と同様、仏教徒ではないが仏教の核の部分には深く感銘を受けている者の多くに受け入れられるであろう。何よりもまず、〝生の目標は貪瞋癡を克服することである〟という教説に言及したい。この点において、仏教は、ユダヤ教やキリスト教の倫理規範と基本的に変わらない。もっと重要なのは、そしてユダヤ教やキリスト教の伝統と異なるのは、仏教的思考のもう一つの要素である。すなわち、自分自身の内側と外側で起こっているプロセスについて最大限に気づくようにという要請である。仏教は、ヒンドゥーの正統派に対抗する革命的運動であり、数世紀にわたって無神論として厳しく迫害されてきたのだが、その特徴は、西洋の宗教には見られないようなレベルの合理性と批判的思考であった。仏教の本質には、貪瞋癡すなわち苦が、現実《リアリティ》の十全たる覚知〔気づき〕によって克服されうるという教えがある。人間の実存の観察可能なデータを分析した結果として生きるための規範にたどり着く、そのような哲学的人間学的な体系が、仏教なのである。

ニヤナポニカ・マハテラ自身が、その要点を非常にはっきりと表現している。彼の説明によると、念処の機能は、「意識を次第次第に明晰にし強烈なものにし、現実についての像から疑わしきところを次第次第に拭《ぬぐ》い去ってゆくこと」（ibid., p.26）である。彼は、瞑想が「下意識」（ibid., p.82）* との「自然で親密でより友好的な接触」に導くものだと論じている。「その

＊「下意識」という用語を著者は選び取っており、それには著者なりの十分な理由もあるのだが、わたしなら「無意識」という用語を選びたいところである。なぜなら、それは意識の下という空間的意味を含まないからである。

ようにして、下意識はより『明晰』なものとなり、制御しやすくなる。つまり、意識的精神の統御しようとする傾向と調和し、またそれに役立つことが可能になる。下意識から発生する予測不可能なものや処理不可能なものの要素を減じてゆくことで、自己への信頼の安定した基盤が得られるだろう」(ibid., p.82) と、著者は書いている。

彼は、念処の修習の記述を終えるにあたって、仏教的思考のなかでもっとも重要な要素の一つを強調している。すなわち自立・自由の重視である。彼はこう書いている。「その自己信頼の精神において、念処 *Satipatthana*［マインドフルネス］は、いかなる洗練された技法も、外的な仕掛けも必要としない。日常生活がその作業をおこなうための材料となる。それは、いかなる風変わりな崇拝《カルト》とも儀礼とも関係がない。自己啓蒙以外の手段でもって『イニシエーション』や『秘教的知識』を付与するなどということは決してしない」(ibid., p.82)。

われわれが見てきたところ、仏教的瞑想の本質とは、現実《リアリティ》とりわけ心と体のリアリティへの気づきを最大限にすることである。だが、伝統的形態の仏教的瞑想法に従っている者でも、次のような問いは立てられるだろう。つまり、伝統的方法ではほのめかされているにすぎないような新しい次元の気づきがあって、それを補足すれば伝統的形態は拡張されうるのではないか、と。実際そのような拡張を仏教的瞑想に加えるやり方は二つあるように思われる。ただ、その二つも、仏教的瞑想や他の種類の瞑想との結びつきがなければ、実りある実修にはならないだろう。平静になる実修が欠けただけでも、うまくゆかなくなるだろう。

身体の気づきを増すのに役立つ方法については、すでに言及してある。すなわち、「センサリー・アウェアネス」や太極拳である。

仏教的瞑想のもう一つの側面は「意識を次第次第に明晰にし強烈なものにし、現実についての像から疑わしきところを次第次第に拭い去ってゆくこと」(ibid., p.26)である。ニヤナポニカ・マハテラ自身、「無意識とのより友好的な接触」について言及している。そして実際のところ、この言及からほんの一歩踏み出すだけで、心の無意識的側面についての洞察を目的とする精神分析的方法が、仏教的瞑想にとって重要な補足になるかもしれないと示唆できる。私は、仏教の瞑想と教説についてニヤナポニカが付した深遠で丹念な説明に深い恩恵をこうむっている。ニヤナポニカ自身も、精神分析的探求が、伝統的な仏教の瞑想を補足するものと考えられてしかるべきだという意見に賛同してくれた。ただ、もう一度だけ強調しておきたい。私見によれば、最大限の気づきに至るための一方法としての精神分析的方法は、それはそれで独自のものであり、仏教に限らず他のいかなる瞑想法とも独立に、ある妥当性を持っているものだということである。

第四部　セラピーを超えた精神分析

第十一章　精神分析と自覚

「治療」以上のものとしての精神分析

精神分析には治療に限定されない「セラピー超越的」な機能がある。それは、自覚〔自己への気づき〕を増し、内的解放をもたらすのにもっとも適切な方法の一つである。もしそうなら、われわれは、ここで精神分析について論じるにあたって、自覚すなわち自己への気づきについての先の議論に、ふたたび接続することになるであろう。

だがこのような仮定は、誰にでも共有されているというわけではない。おそらく、素人であれ専門家であれ、ほとんどの人は、精神分析の本質を、神経症のための治療法の一つとして定義するであろう。そして、それは、抑圧された性的記憶とそれにまつわる情動への気づきによって達成されるとするであろう。この定義における気づきの概念は、本書ですでに提示されている気づきの概念に比べると非常に狭い。それはつまるところ、抑圧されたリビドーの力への気づきのことだけを指しているのである。そしてその目的も、いわゆる通常の意味での治療《セラピー》の目的に限定されている。すなわち、患者が個人として持っている「余計な苦しみ」を、一般的に社会的に許容可能なレベルへと減少させるのに、力を貸してやるということである。

このような狭く限定された精神分析概念は、フロイトの発見の真の深さと射程とを正しく評価するものではないと、私は思っている。この言明を正当化するためには、フロイト自身を引証すればよい。一九二〇年代に、フロイトは自説に変更を加え、リビドーと自我の葛藤ではなく、二つの生物学的根源を持つ本能、すなわち生の本能と死の本能*とのあいだの葛藤こそが、決定的な役割を果たすのだとした（とはいえ、旧説と新説の調停をはかろうという試みもおこなっているのだが**）。そのうえ、精神分析の本質は何かとフロイトが考えたときに持ち出してきたのは、抑圧、抵抗、転移であった。つまり、リビドー説ではなかったし、「エディプス・コンプレックス」ですらなかったのである。

精神分析の時代的制約と真の意義

精神分析の中核概念であるかのように見えるもの——つまりリビドー説——は、実際にはフ

* 〔訳注〕訳者は、〝Trieb〟に対する〝instinct〟という英訳語が生物学的な方向に偏りすぎているという批判を知っているし、また日本語として「欲動」という訳語が定着しつつあることも知っているが、ここではフロムが従来の英訳語を採用していることを重視し、「本能」と訳す。

** 旧説から新説への変更と、それを調停しようとするフロイトの試み（失敗に終わった）については、Fromm 1973 の付録において詳しく論じている。

ロイトのもっとも重要な発見でもなければ、正しい発見でもない。このことを認識するためには、もっと一般的な現象を考察せねばならない。どんな創造的な思想家も、みずからの文化の提供する思考パターンやカテゴリーがなければ、物事を考えることなどできない。その真にオリジナルな思想は、しばしば「思考可能」にならないことがある。そのために、思想家はみずからの思想が思考可能になるよう、その発見を歪曲（あるいは矮小化）することで、思想の定式化をはからねばならない。もともとの独創的なアイディアは、まずは間違った形態においてしか表明されない。それは、社会の発展に基づいた思想の発展が起こるまで続く。思想が発展することによって、古い定式化は、時代拘束的な間違いから自由になり、著者自身が考えていたよりもはるかに大きな意義を帯びるようになるのである。

フロイトは、ブルジョア的唯物論の哲学にどっぷりと漬かっていた。そのため、心的な力が、同時に生理学的な力と同定されることなしに、人間を動機づけていると想定することなど、思いつきもしなかった、つまり思考可能でなかったのである。そして、性的エネルギーだけが、この二つの性質を結合させる唯一の力だった。

リビドーと自我の葛藤が人間における中心的葛藤であるというフロイトの理論は、したがって、なくてはならない前提となった。それによって彼は、みずからの根本的な発見を「思考可能」な用語で表現することができたのである。リビドー説の足伽から自由になれば、精神分析のエッセンスは、人間のなかの諸傾向性の葛藤の重大さを発見したことに求められる。そして、これらの葛藤に気づくことに対する「抵抗」の力強さの発見、まるでなんの葛藤もないかのように装う合理化の発見、葛藤に気づくことがもたらす解放的効果の発見、未解決の葛藤の病原的役割の発見などがそれに続く。

フロイトはこうした一般原理を発見しただけでなく、夢や症状や日常生活の行動を素材として、抑圧されたものを研究するための具体的な方法をも考案した最初の人物であった。性的衝動と自我と超自我の葛藤は、多くの人々の実存において中心的位置を占めるような葛藤、生産的解決の状態にあろうと未解決の悲劇的失敗の状態にあろうと、そのような重大な葛藤の、ごく一部を構成しているにすぎないのだ。

フロイトの歴史的意義は、性的渇望を抑圧することの作用を発見したということにあるのではない。彼が生きていた時代にはこれは大胆なテーゼであったが、もしそれがフロイトの最大の貢献であったならば、彼が後世に与えた衝撃的とも言える影響は生じえなかったであろう。そのような影響の源は、人間の思考と存在とを同一のものとするような伝統的見解〔われ思うゆえにわれ在り〕を、彼が粉砕したという事実に存する。つまり、彼は欺瞞を暴露したのだ。いかなる意識的思考、意図、美徳をも疑問視し、それらが内的現実を隠蔽しようとする抵抗の諸形態でしかないような場合がどんなに多いかを明示したのである。そのかぎりにおいて、彼の理論は決定的に重要なものとなった。

私がいま概述した方向でフロイト理論を解釈するなら、精神分析の機能が、より狭いセラピー的機能を超越するものであり、抑圧された葛藤への気づきによって内的解放を達成するための方法になりうるのだと、一歩踏み込んで考えることは困難ではないだろう。

セラピストのもとへ駆け込む前に

精神分析のセラピー超越的機能について論じる前に、警告しておかねばならないこと、精神分析にまつわる危険で、指摘しておかねばならないことが、いくつかあるように思われる。生きてゆくうえで困難なことに直面すると精神分析を受けに駆け込んでくるような傾向が一般的に見受けられる。しかしながら、精神分析を試してみるべきではない理由がいくつかある。少なくとも救急病院のように利用すべきではない理由がある。

「余計な苦しみ」は分析家にまかせる？

第一の理由としては、自分自身で困難を解決する努力が必要なのに、精神分析がその困難からの安易な逃げ道になってしまうということがあげられる。すでに論じた〝スムーズさ、苦痛なし、努力なし〟の理想に加えて、ここにあるのは、〝人生にはいかなる葛藤も苦しい選択もつらい決定もあってはならない〟という広く行き渡った信念である。そうした苦痛に満ちた状況は、多かれ少なかれ異常なもの、あるいは病的なものであり、普通の生活にとっては余分なものと考えられている。もちろん、機械にはなんの葛藤もない。そうであるなら、生ける自動人形だって構造上・機能上の欠陥がなければ、葛藤を持たねばならない理由などないではないか、と。

これほど無知《ナイーヴ》なことがあろうか。最高に中身のない疎外された生き物でもないかぎり、意識的決定を不必要とはするまい。とはいえ、そのような生き物でも、無意識的葛藤の表れとして潰瘍や高血圧などの神経症的・心身症的症状などが多発するであろうが。もし、感じる能力を完全になくしてはいないのなら、つまりロボットになっていないのなら、苦痛を伴う決定に直面することを回避するなどということは到底できないだろう。

そのような苦痛に満ちた決断の例として、たとえば、息子が両親から自由になるプロセスがあげられる。分離してゆくことによって両親に負わせる傷を、息子が感じ取れるのであれば、このプロセスはとても苦痛に満ちたものになりうる。だが、〝この決定が苦痛に満ちたものであり困難であるという事実は、その決定が神経症的だということを示しており、したがって自分は分析を受ける必要があるのだ〟と、もし彼がそう信じるのであれば、それは無知なことだ。

もう一つの例は離婚である。自分の妻や夫との離婚を決意するということは、もっとも苦痛に満ちた決定の一つである。それでも、長続きする葛藤や、みずからの発達をひどく害するものを終わらせるために、そのような決定が必要となることもあるだろう。このような状況になると分析を受けねばならないと信じ込むような人たちが何千もいる。なぜなら、決定をこんなにも難しくする「コンプレックス」が自分にはあるに違いないと思うからである。少なくとも、それが、彼らの意識的な思考の内容である。しかし実のところ、ほかに動機がある場合が多い。もっともよくあるのは、ただ決断を先延ばししたいだけというものであり、そのために、彼らは分析を受けることで無意識的動機をすべて見つけ出してしまうのが先決だと合理化するのである。多くのカップルは、決定を下す前に、二人とも分析家のところに行こうということで一致する。分析が二年、三年、四年と続くかもしれないなどということは、さして問題にならないのである。逆に、長引けば長引くほど、彼らは決断を下すことから身を護ることができる。だが、分析家の助けを借りて決定をぐずぐずと遅らせるというこのような行動の果てに、彼らの多くは意識的にせよ無意識的にせよ、別の希望を抱くようになる。ある人は、分析家が自分にかわって最終的な決断を下してくれたり、直接的に、あるいは「解釈」を通じて、何をすべきかアドヴァイスしてくれたら、と思うようになる。もしこのことがかなわなくても、二つ目にはこんな期待を抱くようになる。つまり、精神分析のおかげで、困難を感じずに苦痛を伴わずに決断できるほど、心のなかがすっきりと明晰になるのではないか、と。この二つの期待が実現しなくても、うまい方向——かどうか疑わしいが——に事態は進むかもしれない。つまり、離婚について話し合うことに、疲れ、飽き飽きしてくるために、それ以上考えるのはやめ、とりあえず離婚するなりいっしょにやってゆくなり、決着をつけることができるようになる、という具合である。後者の場合、少なくとも二人の関心をひくような話し合うべきトピックが手に入る。自分の感情、恐れ、夢などである。言い換えれば、この分析は彼らのコミュニケーションにいくらかの実質を与えてくれることになる。もっともそれは感情について話し合うということであり、お互いに対してこれまでとは違う仕方で感じるようになるということではないのだが。

良心の苦悩

これまでにあげた例以外に、次のようなものがある。あまり儲からないが面白い仕事のために、高い給料を放棄するかどうかという決断、辞職するかそれとも自分の良心に逆らって行動するかという政府役人の選択、政治的抗議運動に参加し、職を失ったりブラックリストに載る危険を冒すような人、みずからの良心に従って、真実を語り、聖職から外され、帰属によって得られる物的心的安寧《あんねい》を失うことも辞さないという司祭の決断などなど。

良心の要求と自己利益の要求のはざまで葛藤し、精神分析家に助力を求めに来る。そのような人は、もうほとんど見られなくなったようだ。それよりも、先のほうであげた例に見られるような、家族や個人的人間関係にまつわる葛藤に関連してやってくる人のほうが多い。このような家族と個人的人間関係にまつわる葛藤が前面に出るのは、もっとずっと根本的で深刻で苦痛に満ちた葛藤を覆い隠すためなのではないか。つまり、自己利益と、良心や誠実さや本来的あり方とのあいだの葛藤を、覆い隠すためなのではないか。通常このような後者の葛藤は、そのままの形で見られることすらない。すぐさま、非合理的でロマンティックで「小児的」な衝動、もはや必要でもなければ追及されるべきでもない衝動として、押しやられてしまうのである。にもかかわらず、それらはあらゆる人の生活において決定的に重要な意味を持つ葛藤なのだ。それは離婚すべきか離婚すまいか、などという葛藤よりももっと重要なものなのである。離婚するかしないかなどという葛藤は、たいていの場合、新しいモデルによる古いモデルの置き換えでしかないのである。

分析家への依存

精神分析家にかかってみるべきでないもう一つの理由は、精神分析家のなかに新しい父親像を探し求め、そして見つけてしまうという危険にある。人は、この父親像に依存してしまい、自分自身の発達を妨げてしまうのである。

古典的精神分析家ならこう言うかもしれない。逆もまた真なり、と。つまり、患者は分析家への転移のなかで、父親への無意識的な依存的傾向性を発見するのであり、転移を分析することによって転移は解消される、その際、もともとの父親への愛着も解消されるのである、と。理論的には、これは真実であるし、実際の場面においてもこうしたことはときどき起こる。しかし、多くの場合、まったく違ったことも起こるのである。被分析者は、確かに父親との絆《きずな》を絶ち切ったかもしれないが、この自立の仮面のもとに新たな絆を築き上げる。すなわち分析家との絆である。分析家は権威となり、アドヴァイザーとなり、知恵ある教師となり、親切な友人となる。いずれにせよ、被分析者の人生の中心的人物となるのである。こうしたことが他何にも増してあまりにも頻繁に起こるのであるが、その理由は、古典的フロイト理論の欠点に求められる。フロイトの基本的前提によれば、強力な権威を求めること、法外な野心や強欲やサディズムやマゾヒズムなど、あらゆる「非合理的」な現象の原因は、初期幼児期の状況に求められる。そして、こうした状況は、後々の発達の仕方を理解するための鍵となるのである（理論的には生まれつきの要素がなんらかの影響を持つということも認識されていたが）。それゆえ、強力な権威への欲求は、幼児が実際に置かれている無力の状態に根を持つものとして説明された。そして、同様の愛着が分析家との関係において現れたときには、それを「転移」として説明したのである。つまり、ある対象（父親）から別の対象（分析家）へと愛着が転移されたと説明したのである。そのような転移は、実際発生するものだし、重要な心的現象の一つでもあるだろう。

だが、この説明はあまりにも狭すぎる。無力なのは幼児だけではない。大人もまた無力なのである。この無力さは、人間の実存条件そのものに根差しているのだ。すなわち、「人間の条件」に根差しているのである。自分をおびやかす数々の危険、未来への不安、知識の限界に気づくことによって、人間は無力さを感じずにはいられない。個人個人が持つこのような実存的無力さは、さらに歴史的無力さによって大幅に増大させられている。それは、エリートがマジョリティを、自然な民主的状態にあるときよりもはるかに無力な状態に追いやることによって搾取《さくしゅ》するような体制が確立している社会なら、どこでも起こっていることである。ここで言う自然な民主的状態とは、もっとも原始的な形態の人間社会のなかに存在していたようなもの、*あるいは、対立よりも連帯に基づく未来の社会形態のなかに存在するようになるかもしれない状態のことである。

したがって、実存的・歴史的の両方の理由から、人間は、さまざまなかたちの「呪術的援助者」〈魔法を使って助けてくれる人〉に愛着を抱こうとするのである。たとえば、シャーマン、祭司、王、政治的指導者、父親、教師、精神分析家などであり、あるいは教会や国家などのさまざまな制度である。人間を搾取してきたこれらの存在は、通常、みずからをそのような父親像として提供し、そして容易に受け入れられてきたのである。人は、善意をもって接してくれる人物に服従することを好む。そしてそれが、恐怖と無能さのために服従しているのだとは認めたがらないものである。

フロイトの転移現象の発見は、彼自身の理解をはるかに超えた意味をはらんでいる。というのも、フロイト自身の理解は、当時の思考の参照枠組のなかに収まっていたからである。フロイトが転移を発見したときに実際に発見していたのは、人間が持つもっとも有力な渇望の一つ、すなわち偶像崇拝（疎外）への渇望であり、そのなかでも特殊な一ケースだったのである。それは、人間の実存の曖昧さに根差している。ある人物や制度や理念を、絶対的なもの、つまり偶像へと変容させることによって、人生の不確実さへの対処法を見いだそうというのが、その目的である。この偶像に服従することによって、確実性が得られたという錯覚が創造される。歴史の過程において偶像が果たしてきた心理的社会的意義、活動性と独立性を妨げてきた大いなる錯覚の意義は、どんなに大きく見積もっても大きすぎるということはない。

精神分析家のお得意様であるクライアントたちは、総じて階級としては中流ないしアッパー・ミドルに属するリベラルな人々であり、そのなかで宗教は重要な影響力を持たなくなってきており、情熱的に奉じられるような政治的信念も見受けられない。彼らにとっては、神も皇

＊　このトピックについての議論が、わたしの『破壊』（1973）のなかにあるので参照されたい。

帝もラビもカリスマ性ある政治的指導者も、その隙間《すきま》を埋めてくれるようなものではない。そのかわり、精神分析家が、導師《グル》、科学者、父親、司祭、ラビなどの混合体となった。精神分析家は、困難な課題を課したりしない。友好的であり、人生のあらゆる現実的問題——社会的、経済的、政治的、宗教的、道徳的、哲学的問題——を、心理的問題に解消してくれる。そのようにして、分析家はそれらの問題を、近親相姦的願望や父殺し的衝動や肛門期への固着fixationなどの合理化という位置にまで引き下げてくれるのである。世界は、このようなブルジョワ的小宇宙に還元され、単純なもの、説明可能なもの、処理可能なものとなる。

成長と苦悩のジレンマの回避

従来の精神分析のもう一つの危険は、〝私は変わりたい〟という患者の見せかけだけの素振りに潜んでいる。患者が、厄介な症状で苦しんでいるのなら、たとえば不眠、不能、権威への恐怖、異性との関係における不幸、あるいは漠然とした不全感などで苦しんでいるというなら、その症状を取り除きたいと思うのは当然である。そう思わない者などいるだろうか。しかし、ここで念頭に置いているのは、成長と自立の過程において不可避であるような苦痛や苦悶《くもん》を、経験したがらない患者のことである。このジレンマ〔成長と苦痛のジレンマ〕を患者はどう解決するだろうか。患者は、自分が「基本原則」——心に浮かんだことを検閲《けんえつ》せずに何でも口に出して言うこと――に従ってさえいれば、苦痛もなしに努力すら伴わずに治療されるだろうと期待するのである。要するに、「語ることによる救済」への信仰である。だが、そのような救済などない。努力がなければ、そして苦痛や不安の経験を引き受けようとする意志がなければ、誰も成長などしないし、実際、成就するに値することなど何も成し遂げられないだろう。

知性化の危険

従来の精神分析にまつわるもう一つの危険は、もっとも期待すべきでないこと、つまり情動経験の「知性化 cerebralization」である。フロイトの意図していたところは、それとは明らかに正反対のものだ。彼は、型通りの思考プロセスを打ち破り、昼間の思考の滑らかな表面の裏に隠されている経験、すなわち未加工の合理化されていない非論理的な感情や夢想や幻影に到達しようとしたのである。そして実際、彼はそれらを見つけ出したのだった。催眠状態、夢、〝症状の言語〟、そして通常なら観察されることのない些細《ささい》な行動の端々《はしばし》のなかに、それらを見いだしたのである。ところが、精神分析の実践のなかで、本来目指されていた目標は生気を失い、イデオロギーと化した。次第次第に、精神分析は個人の発達の歴史調査のようなものに変容してしまい、理論的説明と構成とによって過重積載されてしまった。

分析家は数多くの理論的前提をたずさえ、その理論の正しさを裏付けるための証拠資料として患者の連想を利用した。このような分析家は、信仰あつき者である。なぜなら、教義が真実であるということを確信しており、被分析者の提供する素材・資料が理論に適合するならば、それだけでもう深遠で真正なものに相違ないと信じ込んでしまうからである。方法は、次第に説明法になってゆく。ここに典型的な例をあげよう。ある患者が、強迫的な食習慣による肥満で苦しんでいる。分析家はそれを解釈して、彼女の強迫とその結果起こった肥満は、父親の精液を飲み込んでそれによって妊娠したいという無意識的な願望に根差しているのだとする。彼女が、そのような願望や幻想などを抱いた記憶は直接的にはまったくないと言っても、それはこの苦痛に満ちた小児期の素材〔願望・幻想〕の抑圧なのだ、と説明される。しかし、この〝起源〟は、理論に基づいて「再構成」されたものである。それができあがると、分析家は、残りの時間の大半を費やして、自分の再構成の正しさを証明しようとする。その後、患者の側で連想や夢が生じても、それらは、この証明作業のために利用されるだけである。そして、患者が症状の意味を完全に「理解」したときに、治療が起こるとされるのである。

基本的に、この種の解釈法は、説明による治療と考えられる。重要なのは、「なぜ神経症的症状が形成されたのか」という問いである。患者が連想をどんどん続けるようにと言われているあいだ、患者は自分の症状の起源についての調査研究に知的に従事しているのである。本来は体験的方法が目指されていたのに、知的探求が主となってしまった――他方、理論だけは、何も変わらない。仮に理論的前提が正しいとしても、このような方法では、暗示法でも使わないかぎり治療上の変化は起こらない。かなりの時間、分析を受け、あれこれの要素があなたの神経症の原因だと言われていれば、そうなのだろうと信じるようになるのはたやすいことだ。そしてやがて、根源をたどってゆけば治療がもたらされるという信仰に基づいて、症状を手放すようにもなるだろう。こうしたメカニズムはごく頻繁に起こるものである。だからこそ、科学者は、症状の治療が投与された薬によるものだと認めるための必要条件として、患者が薬を投与されたのか偽薬《プラセボ》を投与されたのかについて無自覚であるということを要求するのである。そして、これは患者だけではない。医師もまた、医師自身の期待が〔治療に〕影響していないことを確証するために、自分が薬を投与したのか偽薬を投与したのか分からないようになっていなければならない（「二重盲検法」）。

自分自身の情動経験からの疎外が広がり、自分と周りの世界に対して、ほとんど全面的とも言えるほど知的にアプローチすることが当たり前になっている今日だけに、このような知性化 intellectualization の危険はなおさら大きいものとなっている。

セラピー超越的な精神分析

だが、従来型の精神分析の実践にはらまれる数々の危険にもかかわらず、四十年以上の精神分析の実践を経たいま、私は次のような確信を持っているということを告白せねばなるまい。つまり、精神分析は、適切に理解し実践するのであれば、人間を支え助ける方法として、大きな潜在的可能性を秘めているということである。このことは、精神分析の伝統的領域である神経症の治療には、当てはまると言えるだろう。

しかし、われわれは、神経症の治療法の一つとしての精神分析にばかり関心を持っているのではない。ここで、取り上げたいのは、分析の新しい機能、私がセラピー超越的分析 *trans-therapeutic analysis* と呼ぶところのものである。それは、最初はセラピー的分析としてはじまるかもしれないが、症状が治療された時点で終わりになるのではなく、そこからさらにセラピーを超えた新しいゴールへと進む。もしくは、解決されるべき重大な精神病理学的問題もなしに、セラピー超越的ゴールからはじまるかもしれない。決定的なのは、そのゴールが、患者を「正常な状態」に回復させてやるということ以上のものであるという点である。このような目的は、フロイトがセラピストであるかぎりにおいては、彼の念頭になかった。もっとも、この目的は、一般的に考えられているほどフロイトにとって異質なものではなかった。彼の治療目的は、「正常」な機能が果たせるように患者を適応させるということであるが（「仕事と愛が可能になるように」）、その偉大なる野心は、セラピーの領野《りょうや》にはとどまっていなかった。彼は啓蒙運動〔悟りの運動〕を創造しようと目論《もくろ》んでいたのである。それは、非合理的な情念に気づきそれを制御するという、啓蒙が最終的に目指す境地をよりどころとするものである。この野心はとても強く、フロイトはしばしば科学者としてよりも、みずからの「運動」によって世界を征服することを使命とする政治的指導者として行動したのである。*

セラピー超越的な目標とは、自己への気づき、自覚を最大限のものとすることによって、人間がみずからを解放するということである。それは、良き生と自立を成就することであり、愛する能力であり、批判的で脱錯覚的な思考であり、〈持つ〉よりも〈在る〉ことである。

セラピー超越的（「人間主義的《ヒューマニスティック》」）な精神分析は、フロイト理論のいくつかを修正する。とりわけ、リビドー理論を、人間理解の土台としてはあまりにも小さすぎるとして修正する。セラピー超越的な精神分析は、性欲と家族に関心を限定するものではない。家族よりも、人間的実存と社会構造の特定の条件のほうが根本的な重要性を持つとする。人間を動機づける情熱とは、本質的には本能的なものではなく、実存的および社会的な諸条件の相互作用によって形成される、人間の「第二の自然」なのだ。

かつて私は「人間主義的《ヒューマニスティック》」な精神分析という言葉をときおり用いていたが、その後この言葉を使うのはやめた。部分的には、見解を異にする心理学者グループに占有されてしまったから

* Cf. E. Fromm, 1959. また、フロイトのユング宛書簡も参照（McGuire 1974）。政治対科学、そして人間的利害関心が、ときおり全面的に押し出されてくるのに驚かされる。

であり、[*]また部分的には、私が精神分析の新しい「学派」を形成しているという印象を与えたくなかったからでもある。精神分析の諸学派に関して言えば、それら諸学派は、精神分析の理論的発展とその実践者・開業者の能力とに有害な影響を与えるということが経験的に分かってきた。それはフロイト学派の場合に顕著である。フロイトは、その追随者たちを共通のイデオロギーで取りまとめねばならなかったために、みずからの理論を変えるのを邪魔された、というのが私の確信である。彼がもし基本的な理論的立場を変えていたならば、それは統一的教義《ドグマ》を追随者たちから奪う結果になってしまったであろう。さらに、「学派」というもの、そしてその公式の認証は、メンバーたちに破壊的な影響を与えた。正式に「叙任」されることによって、多くのものは、職務への適性が自分にあると感じるのに必要な道徳的サポートを手に入れ、もはや学ぶことに大きな努力を払わなくてもすむと考えたのである。こうした状況は、私が観察したところでは、正統派についてだけでなく、他のすべての学派についても当てはまる。このような観察から私は、精神分析において学派を形成するということは、望ましいことではないという確信に至った。学派の形成は、最終的には、教条主義と能力の低下をもたらすことになるのである。[**]

〔セラピー超越的精神分析においては〕技法上の手続きもまた異なる。それはより能動的で、直接的で、挑戦的なものとなっている。しかしながら、それが基本的に目指すのは、古典的精神分析と同じで、無意識的な渇望の暴露、抵抗・転移・合理化の認識、そして無意識的なものを理解するための「王道」である夢の解釈である。

成長のための病と適応のための病

この記述には一つの限定を付け加えておかねばならない。最大限の成長を目指している人もまた神経症的症状を持っていることがあり、それゆえ治療としての分析を必要とする場合もあるということである。完全には疎外されていない人、感受性があり感情能力がある人、尊厳の感覚を失っていない人、まだ「売り出し」状態になっていない人、他者の苦しみについて苦しむことがなおできる人、〈持つ〉実存様式を完全には獲得していない人――要するにモノにならずにヒトのままでいる人――は、今日の社会では、孤独で無力で孤立させられていると感じ

* 〔訳注〕マズローらの人間性心理学 humanistic psychology か、それに触発されたヒューマン・ポテンシャル・ムーヴメントを指すものと思われる。マズローは、精神分析と行動主義を超えた第三勢力となることを目指していた。とりわけ、精神分析を病的な心理を対象とする心理学とし、それに対して、健康な人間の心理学を提唱した。精神分析の理解に関してはフロムは異議を唱えるであろう。しかし、マズローの人間性心理学の基本的方向性とフロムのヒューマニズムは、内容的にはしばしば同種の思想としてとらえられている。あとで述べられていることもふまえると、フロムはマズロー自体よりも、その影響を受けた言わば亜流とも言えるような運動に対して、批判的な見解を持っていたのだろう。それは本書の前半部分の議論とも軌を一にする。

** このような理論的見解は、わたしの著作の多くで取り上げられている。もっとも簡潔な定式化は、『破壊』のなかにある。

ずにはいられないだろう。自分が正気であることは疑わないとしても、みずからの確信と自分自身のあり方とを疑わずにはいられない。同時代の「健常者たち」の人生に欠けている喜びと明晰さを味わうような瞬間が訪れることがあるとしても、やはり苦しまずにはいられない。正気の人間が狂った社会のなかで生きてゆこうとすれば、神経症に苦しまずにはいられない。そのようなことは決して珍しいことではない。この種の神経症は、病んだ人間がみずからを病んだ社会に適応させようとするために生じるもっと典型的な神経症とは異なるものである。分析が進めば、すなわち自立と生産性が増大し、成長がうながされるようになれば、症状がひとりでに治ってしまうようなたぐいの神経症なのである。分析の最終段階に来れば、あらゆる形態の神経症は、適応しながら生きるという問題の解決に失敗したことを示す徴候にすぎなくなる。

第十二章　自己分析

自己分析のための精神分析

みずからの無意識に分け入ることが瞑想のある部分をなすべきだとすると、瞑想の実践の一部として自分自身を分析することなど可能なのか、という疑問が浮かんでくる。間違いなくそれは非常に難しい。有能な分析家との分析作業を通じて自己分析の実践に入ってゆくという手順を踏んだほうがよい。

まず、どのような分析家がこの種のセラピー超越的分析に適しているか、という問いに答えねばならない。このようなゴールを分析家自身が追求したことがなければ、患者が何を欲し何を必要としているのか、ほとんど理解できないだろう。独力でこのゴールに到達していなければならないと言っているのではない。それに向かう途上にいるのでなくてはならないということである。このようなゴールを追求している分析家の数は比較的少ないので、探し出すのは容易でない。ここで、厳密に治療的な理由から分析家を選ぶ際に従うべき一つの基準をあげておこう。その精神分析家のことをよく知っている人（患者や同僚）を通じて徹底的に調査し、名前が知られているとか診察室がすてきだなどということを推薦理由として鵜呑《うの》みにしてはいけない。それから、その分析家を偶像視しているような患者の熱狂的な報告は、眉《まゆ》に唾《つば》を付けて聞くべきである。はじめの一回か二回、あるいは場合によっては十回くらいの面接で、分析家について の印象を形成し、分析家が自分を注意深く見守るのと同じような注意深さで分析家を見守るべきだ。何年も「相性が合わない〔=悪いwrong〕」分析家と作業をすることは、何年も相性が合わない人と結婚生活を続けるのと同じくらい害をもたらす恐れがある。

分析家がどこの「学派」の出身かということそれ自体は、ほとんどなんの意味も持たない。「実存主義的」な精神分析家は、人間が目指すべきゴールという問題に対する関心が比較的高いと思われている――そして実際それが当てはまる分析家もいる。当てはまらない他の分析家たちは、フッサールやハイデガーやサルトルから引いてきた哲学的特殊用語《ジャーゴン》をほとんど理解しないまま、ただ目新しい仕掛けとして使っているだけで、患者のパーソナリティの深層に本当に洞察を巡らしているとは言えない。ユング派は、患者の霊的・宗教的な欲求にもっとも関心を抱いているという評判がある。そして、実際そういう人も彼らのなかにいるだろう。しかし、多くの者は、神話とアナロジーに熱中するあまり、〔集合的無意識にばかり気を取られて〕患者個人の生活の深層とその個人的無意識に洞察を巡らすに至っていない。

「新フロイト派」は、必ずしも他の流派より信頼できるとは言えない。フロイト派でないということだけでは十分でないのだ！　ここでおおまかに述べている見解につながるような立場から分析をおこなっている者も実際にいる。だが、他の多くの者は、かなり表面的なアプローチをしており、深さと批判的思考を欠いている。おそらく、私が提案しているやり方からもっともほど遠い学派は、正統フロイト派である。というのも、リビドー理論と幼児期への一面的な強調が障壁となるからである。しかし、その学説にもかかわらず、たぶん少数であろうが、その個人的資質と哲学とによって、人間の内的現実への十分な気づきに至るための信頼に足る案内役となってくれるであろう人がいる。要するに、私が分析家の有能さの基準として考えているのは、所属する学派云々ではなく、そのパーソナリティであり、性格であり、批判的思考能力であり、その人自身の哲学なのだ。

　分析家の人格と密接に関係しているのは、採用している方法である。まず第一に、私は自己分析を教育することを狙った分析が、非常に長期間、続けられる必要があるとは考えていない。概して、一週間に二回で半年も続ければ十分である。これは特殊な技法を要する。分析家は受動的になってはいけない。五時間から十時間ばかり患者の言うことに耳を傾けたら、患者の無意識的構造とその抵抗の強さについて一つの見識を持つべきである。次に分析家は自分の発見したことを患者にぶつけ、それに直面させ、患者の反応、とくに抵抗を分析できるよう努めねばならない。さらに、分析家は患者の夢を最初から分析し、それを自分の診断のための導き手として活用しながら、それらの解釈を（他の事柄の解釈も織り交ぜながら）患者に伝えねばならない。

この時期が終わるころには、患者は自分自身の無意識に十分に親しみ、自分自身で分析を続けられるところまで抵抗を引き下げているはずである。そうすれば、患者は日々の自己分析を開始することができるようになる。それはその後の人生を通して続けられるものとなるであろう。このようなことを私が言うのは、自分自身を知るということには終わりなどないからである。私自身の四十年以上にわたる毎日の自己分析の経験から言えることなのだが、何か新しいことを発見したり、既知の素材を深めたりすることがないような日は、今日に至るまで一日たりともない。もちろん、身動きが取れなくなったと自分で分かったときに分析家との共同作業に戻ることは、とくに自己分析をはじめたばかりであれば、有益であるかもしれない。だが、それは最後の頼みの綱でしかない。さもなければ、愛着《アタッチメント》をふたたび確立したいという誘惑に逆らえなくなる。

自己分析の準備段階として導入的意味合いを持った分析をおこなうのは、手続きの踏み方としてはもっとも望ましい。この手続きは困難を極めるだろう。この仕事に適したパーソナリティを持っている精神分析家が多くないというだけではない。そもそも彼らの分析実践の毎日の作業は、六ヶ月間患者を診てからその患者をまたときおり診るといったやり方に都合がいいように組み立てられているわけではない。これも難しさの理由の一つである。この種の仕事には特別な関心だけでなく、かなり柔軟なスケジュールも必要なのである。セラピー超越的な自己分析がもっと広がれば、数多くの精神分析家がこの種の仕事を専門とするだろうと、私は確信している。あるいは少なくとも、自分の仕事の時間の半分をそれに捧げるようにはなるだろう。

だが、適切な分析家を見つけられなかったとしたら、またなんらかの理由が重なって適切な分析家が開業している場所まで行けなかったとしたら、もしくは金銭的余裕がなかったとしたら、どうすればよいだろうか。そのような場合、自己分析は可能になるだろうか。

この質問への答えは、数々の要因に応じて変わってくる。何よりもまず、解放〔解脱〕というゴールに到達しようとする意志がどれくらい強いかに左右される。さらにこの意志も、次のような事実がなければそれ自体では効果を発揮しない。すなわち、人間の脳には、生まれつき健康になり良き生を実現しようとする傾向性が備わっているということ、個人と人類の成長と発達をうながすいっさいの諸条件を実現しようとするような傾向性が備わっているということである。* よく知られていることだが、生物の身体にはこのような健康維持的な傾向性が備わっているものである。そして、医学にできることといえば、この健康維持的な傾向性の効力を妨げているものを除去して、その発揮をサポートすることくらいなのである。実際、ほとんどの

＊　このような前提について、わたしは『破壊』で論じておいた。

病気は、どんな介入も必要とせずに、ひとりでに治ってしまうものなのである。同じことは精神的な意味での健全さについても当てはまる。そのことが最近になってふたたび顧みられるようになってきている。もっともそれは、技法的〝干渉論者〟がはびこっていなかった古い時代には、よく知られていたことなのであるが。

自己分析の阻害要因

自己分析にとって好ましくない要因としては、長期間にわたる「正規」の分析においてさえ扱うのが困難であるような深刻な病状である。さらに、その人の特定の生活環境のなかに極めて重要な要因が潜んでいることもある。たとえば、親の金や遺産相続した金で生活しているために生活費を稼いでくる必要がない人間は、自分自身を周囲から孤立させるほどの金銭的余裕もなくどうしても働かなければならない人間に比べれば、事態が悪化する可能性を多く秘めていると言える。みんなが同じような欠損を抱えているような集団のなかで暮らしていれば、その集団の価値観を普通のものとして受け入れるのはたやすいだろう。別の否定的条件としては、神経症的性質が生計を立てるのに役立っており、内面的な変化が起これば その暮らし向きが危うくなるような場合である。ここで念頭に置いているのは、ナルシシズムを持つことが成功のための必要条件であるようなエンターテイナーや俳優、あるいは従順さを失えば失業してしまうかもしれない官僚などである。最後に、その人を取り囲む文化的・精神的状況の持つ意味の大きさがあげられる。哲学的思想、宗教的思想、あるいは批判的政治的思想などとの接触があるか、それとも、みずからの環境や社会階級において流通している文化的にパターン化された意見の枠内でしか物事を見ないか、このことは大きな違い、しばしば決定的とも言えるような違いをもたらす。おしまいに付け加えておくなら、単なる知性それ自体は、決定的要因にはならないようだ。むしろ、知的明晰さは、〔真実を直視することへの〕抵抗という目的に奉仕するだけに終わることもある。

第十三章　自己分析の方法

自己分析ができるようになるにはどうすればよいのか。このことを十分に論じつくそうと思ったら本一冊が必要だろう。そこで、ここではいくつかの簡単な提案をするにとどめておきたい。

まず、平静になり、リラックスして座り、集中するということが、すでにできるようになっていなければならない。さもなくば、はじめることすらままならない。これらの第一条件が——少なくともある程度まで——達成されたら、さまざまなやり方で先に進むことができるようになる。もちろん、それらのやり方は相互に排除し合うものでは決してない。

①　感情を張り巡らせる

平静になろうとしているあいだに闖入《ちんにゅう》してきたさまざまな思考を想起してみる。そして、それらの思考がなんらかのつながりを持っているかどうか、持っているとしたらそれはどのようなつながりなのかを調べてみる。そのためには、「そのような思いにたどり着いた経緯を感じ取る」ようにするとよい。あるいは、疲労感（睡眠不足によるものはのぞく）、抑鬱《よくうつ》感、怒りなどといったなんらかの徴候を観察することを柱として進めてもよい。そして、それは何に対する反応だったのか、またそのような感情が表面化した背後にはどのような無意識的経験があったのか。それについて、自分の「感情を張り巡らせるfeel around」のもよいだろう。

私は「考える」という言葉を意図的に使わなかった。なぜなら、理論的思考によっては答えにたどり着くことができないからだ。せいぜい、理論的思弁にたどり着くだけである。「感情を張り巡らせる」という言葉で言いたかったのは、さまざまなかたちを取りうる感情を、想像力を働かせながら「吟味《ぎんみ》」するということである。それに成功してはじめて、たとえば疲労感なら疲労感という意識的経験のおおもとにあるのが何であったかが明瞭かつリアルに認識される。一例をあげよう。ある人がそのような疲労感の起こったつい先ほどの瞬間を思い浮かべ、その後でその原因についての気づきが起こったかどうかに思いを巡らせているとする。その人は、疲労感の底辺にあったかもしれないいくつかの可能性を想像するだろう。たとえば、困難に直面するのがいやで先延ばしにしようと思っている大変な仕事、友人や恋人に対するアンビヴァレントな感情、軽い抑鬱感を引き起こすほどまで自分のナルシシズムを傷つけた批判、表面的には親しく振る舞っているが実は好感が持てない人物と会うこと、などなど。

別れを予感する男

もっと複雑な例をあげよう。ある男がある少女と恋に落ちた。ところが数ヶ月後に突然、彼は退屈さと疲労感と抑鬱感と無関心さを感じるようになる。彼は、それを合理化するのに役立つような説明を見つけ尽くそうとするかもしれない。たとえば、自分の仕事がうまくいっていないからだとか(実際には仕事がうまくゆかないのも当の疲労感を引き起こしているのと同じ要因によって引き起こされているのかもしれない)、政治の成り行きに失望し悲しい気分になったからだとか。それとも、彼は重いかぜをひき、かぜのせいだったのかと満足するかもしれない。だが、もし彼が自分自身の感情に対して敏感であるならば、最近、些細なことで恋人の欠点が目に付くようになってきたことや、彼女が醜い顔をして彼を騙す夢を見たことなどを観察できるかもしれない。それとも、いつもとても熱心に彼女とデートしたがっていたのに、訪問の予定を引き延ばさねばならない口実を見つけ出すようになっていることに気づかされるかもしれない。これらのことは、その他さまざまな小さな徴候とともに、彼女との関係がぎくしゃくしているということを彼に伝えようとしているのかもしれない。こうした感情を集中的に吟味すれば、彼が彼女に対して抱いている像が変化してしまっていること、彼女にエロス的・性的に魅了されはじめていた当初は、ある否定的特徴に気がついていなかったこと、それがいまは彼女の甘い笑顔が計算されたもので本当は冷たいものであるように思えていること、こうした事柄が一挙に突然あらわになるかもしれない。

こうした判断の変化がどこで起こったのか、彼はさかのぼってゆく。すると、ある晩、彼が部屋に入ろうとすると、彼女が彼とデートするまえなのに、他の人と話をしているのを目撃してしまったということに思い当たる。その瞬間、彼は取り乱しそうになるが、そのような感情は「神経症的」であるとか不合理であるとして片づけていた。ところが次の朝、彼は抑鬱感情とともに目が覚める。そして、その抑鬱感情によっていまに至るまで数週間も苦しんでいるのだった。彼は新しい気づきとみずからの疑念を抑圧しようとした。というのも、意識的な生の舞台では、愛と賛美の脚本がまだ演じられていたからである。身動きが取れなくなる、物憂い感じになる、抑鬱状態になる、という間接的なかたちでしか、葛藤は現れなかった。なぜなら、快活で素直な気持ちで「情事」を楽しむこともできなければ、別れることもできぬまま、自分の感情の変化に対する気づきを抑圧してしまったからである。いったん目が見開かれれば、彼はみずからの現実感覚を取り戻し、自分の感情をしかと見届け、実に苦痛を伴うことだが——しかし抑鬱は伴わずに——その関係を終わらせようとするかもしれない。

火事恐怖症

症状分析の例をもう一つ取り上げよう。ある四十代の独身男性が強迫的な恐怖に悩まされている。家を出るときに必ず、電気ストーブを消していないかもしれない、火が燃え上がって家が全焼するかもしれない、とりわけ彼の大事な蔵書が燃えてしまうかもしれない、という強迫的な恐怖に取りつかれているのだ。その結果、彼は家を出ると、また戻らねばという気持ちにいつも駆り立てられる。そして、この強迫は、彼の正常な活動を明らかに妨げている。

症状は簡単に説明される。もう五年も前に、彼はがんの手術を受けたことがある。そのとき外科医は、次のような言葉を残した。何もかもがうまくゆきました、ただし、これから五年のうちに、悪性細胞が広がる可能性もあります――「まるで火の手が広がるように」と。男はこの可能性を恐れるあまり、意識的に自覚しないよう完全にその思考を抑圧し、自分の家に火が広がるかもしれないという恐怖に置き換えてしまった。この恐怖はあまり愉快ではないものの、がん再発の恐怖に比べれば苦悩の度合いははるかに低かった。抑圧された恐怖の内容が意識的なものになると、火事についての強迫観念は、がんの恐怖を再燃させることなく消失してしまった。手術からそのときまでにほとんど五年がたっており、さらなる合併症の危険が大きく減少しているという状況も手伝ってのことである。

この「意識化」プロセスは、その内容自体は喜ばしいものでもないのに、通常、安堵《あんど》感を、ときには喜びの感情をも伴う。さらに、新しく発見された要素が何であれ、それに加えて「感情を巡らす」ことをもっと徹底してゆけば、その日のうちに、あるいは後日にでも、何かしら新しい発見や派生効果にたどり着ける可能性が高い。肝要なのは、複雑な理論的思弁を述べ立てるという罠《わな》にはまりこまないようにするということである。

② 自己分析における自由連想

もう一つのアプローチは、自由連想法に対応するものである。みずからの思考をコントロールするということを放棄し、思考を去来するにまかせる。そしてそれらの思考のあいだの隠れた結びつきを発見するのを目指して、それらを吟味するよう努める。思考の列《トレイン》が止まったように感じるのは、〔抑圧されたものの意識化に対する〕抵抗のポイントを通過したときである。それまで気づくことのなかった要素が何か前面にやってくるまで、この作業を続ける。

③ 自伝を書く

さらにもう一つのアプローチは、自伝を使ったものである。このことで私が言いたいのは、初期幼児期からはじまって、今後の発達を予期することで終わるような自分史についての思弁である。重要な出来事、幼いころの恐怖・希望・失望、人々や自分自身に対する信頼や信仰を減じたような出来事、これらについての映像を、ありありと思い浮かべるようにしてみる。

次のような問いを発してみるとよい。私は誰に頼っていただろうか。私はおもに何を恐れていただろうか。生まれたとき、私はどのような人間になるはずだったのか。私の目指していたゴールは何だったのか、そしてそれはどのように変わってしまったのか。私が間違った方向を選びとり、間違った道を歩むようになってしまった分岐点は何だったのか。過《あやま》ちを修正し、正しい道に帰るために、私はどのような努力をしただろう。私はいまどのような人間であるか、もし正しい決定を下し致命的な過ちを避けていたならば、どのような人間になっていたであろうか。はるか昔、私はどんな人間になりたいと思っていたか、いまはどうか、そして将来はどうか。私の自己イメージとはどのようなものであろうか。他の人にはどのようなイメージを持ってほしいと望んでいるか。二つのイメージのあいだのどこに食い違いがあるか、またそれらのイメージと私が真の自己として感じるものとのあいだのどこに食い違いがあるか。いま現在の生き方で生き続けたら、私はどのような人間になるだろうか。発達が生じたときにそれを決定した条件はどのようなものであったか。さらなる発達のための選択肢で、いま私に開かれているのは、どのようなものであるだろうか。自分が選択した可能性を実現するために、私は何をしなければならないか。この自伝的探求は、精神分析の理論化を狙った抽象的な構成物であってはならない。理論的思考を最小限に抑え、「見ること」、感じること、想像することといった経験的なレベルにとどまっていなければならない。

④ 秘密のプロットの暴露

自伝的アプローチと密接に結びついているのは、われわれが意識している人生の目標と、気がついていないけれどもわれわれの人生を決定している目標とのあいだの食い違いを明らかにしようとするアプローチである。多くの人間はこのような二つの筋書き《プロット》をたずさえている。意識的な、言わば「公式」の筋書きがあり、それは、われわれの行動を支配している秘密の筋書き《プロット》〔たくらみ〕を覆い隠す表層の物語《カバーストーリー》〔表紙関連記事〕となっている。秘密のプロットと意識的なプロットとのあいだに食い違いがあるという事態は、古代ギリシアの劇にはよく登場する。そこでは、「秘密のプロット」は「運命」（モイラ）に帰されている。モイラとは人間の無意識的なプロットの疎外態である。この食い違いは、オイディプスのドラマにまったく明瞭に示されている。オイディプスの秘密のプロットは父親を殺して母親と結婚することであり、意識的で意図的な人生のプロットは、どんな状況にあってもこの犯罪を避けるということである。しかし、秘密のプロットのほうが強力だった。オイディプスはみずからの意図に逆らって、そして自分が実は何をやっているのかも知らないまま、秘密のプロットの通りに生きてしまう。

意識的プロットと無意識的プロットが食い違う度合いは、人によって大きく異なる。連続体の一方の端には、秘密のプロットをまったく持たない人がいる。なぜなら、完全に自分自身と一致しており〔矛盾や分裂がなくなっており〕、抑圧しなければならないものなど何もないほど成長してしまったからである。もう一方の端にいるのは、「悪い」自己と同一化しているためにに「より良き自己」がある素振りさえ見せないような人である。そのような人には秘密のプロットなどないだろう。前者は、「正しい人」「目覚めた人」と呼ばれることがある。後者はひどく病んだ人であり、いくつもの病名ラベルが貼られそうである――彼らはそのことを理解しようとすらしないだろうが。大多数の人間は、二つの極のあいだの連続体のどこかに配置《プロット》される。だが、この中間に配置されるグループのなかにも重要な区別をもうけることができる。意識的な筋書き《プロット》が、実際にそうなりたいと努力している筋書きを理想化したものとなっており、そのために二つの筋書きが本質的に類似しているような人がいる。他の人においては、カバーストーリーが秘密のプロットの正反対になっている。それは、秘密のプロットを隠蔽するためだけに役立っており、そうである分その人を秘密のプロットに従わせるよう働くのである。

二つのプロットのあいだに重大な矛盾がある場合、深刻な葛藤、不安定さ、懐疑、精力の消耗が生じ、その結果、いくつものはっきりとした症状が生起してくる。それはどうしても避けられないことである。内的矛盾への気づきを回避し、アイデンティティについての深い懐疑による苦悩を阻止し、真摯さと正直さの欠如にうすうす気づきながらもそれらを抑圧する、このようなことに多大なるエネルギーを持続的に費やしていれば、上のような徴候が起こっても仕方がない。そのような人にはただ一つの選択肢しかない。不定愁訴《しゅうそ》の状態を引きずるか、それとも深く抑圧された経験の層へと洞察を巡らすかのいずれかである。後者の道をたどれば、不安はかなり軽減されるに違いない。

歴史に名を残したい男

ここに秘密のプロットの例をいくつかあげておく。私の頭のなかに浮かんでくるのは一人の男性である（私は彼のことをよく知っていたが、分析をしたことはない）。彼はかつて私に次のような夢を見たと語ってくれた。

「私は棺《ひつぎ》の前に腰掛けていた。その棺はテーブルとして用いられていた。するとそのうえに食事が出される。私はそれを食べた。次に私はある本を見せられた。その本には偉大な人物たち自身の手による署名が残されていた。そこには、モーセ、アリストテレス、プラトン、カント、スピノザ、マルクス、フロイトの名前があった。私は一番最後のところに署名するよう求められた。そうすれば、その本はおそらく永遠に閉じられることになるのであった」

この夢を見た人は、並外れた野心の持ち主だった。豊富な知識と明晰さにもかかわらず、彼は独力で、他の人からの借り物でない発想によって本を書くということに大きな困難を感じていた。彼はサディズム的な性格を持っていたが、それは愛他的・急進的な理念、そしてときおり見せる親切な素振りによって覆い尽くされていた。夢の最初の部分に見受けられるのは、うっすらとベールで覆われた、死肉を食べたいという欲望である。棺の上に供されたランチ、これは検閲を受けていないまっさらなテクストへと翻訳してやるならば、棺のなかにある遺体を食べたいという欲望である（これは、フロイトが「夢の仕事」と呼んだもののよくある現れ方の一つである。この「夢の仕事」は、認めたくないような潜在的な夢思考を無害で心地よい「顕在的」な夢のテクストへと翻訳するのである）。夢の第二の部分は、ほとんどまったく検閲されていない。夢の主が抱いていた野心とは、世界でもっとも偉大な思想家の一人という名声を勝ち得たいというものであった。哲学史が彼とともに終わるよう願っている点に、彼の利己性が表れている。未来の世代が恩恵をこうむることのできるような偉大な人間は、もう現れてはならないというのだ。偉大な人間の遺体を食べるということのこの秘密のプロット――すなわち過去の師を食し、このような取り込みによって彼自身が師になるということ――は、本人に知られていないし、周りの人間からも隠されている。周囲の人間のほとんどは、彼の明晰さと優しさと博愛的理念ゆえに、彼のことを高く評価しているのである。

別の秘密のプロットの概略を示そう。母を恐ろしい父から救い、母の賞賛によって世界でもっとも偉大な人間になる。あるいは別のプロット。あらゆる生ける魂を破壊し、一人だけになる、それによって、自分が弱いという感情と他者が怖いという感情から免れられる。また別のプロット。裕福で地位の高い人に愛着し、その好意を賜《たまわ》り、その所有物いっさい――物品、思想、名声――を譲り受けるためにその死を待つ。ほかにもまだある。世界を食べ物でできた牢獄として経験する。その場合、生の目的は彼の牢獄の壁を食い尽くすということになる。食べることが人生のゴールになり、食べることは解放を意味する。

　ほかにもたくさんのプロットを付け加えることができるだろうが、無数にあるわけではない。秘密のプロットは、すべて人間の実存に根差した基本的欲求への答えなので、人間の実存的欲求が限られている以上、その数は限られたものでしかないのである。

　以上のことから、われわれは、現実には裏切り者や嘘つきやサディストであり、単にそれを隠し通していて表向きの行動に表さないでいるのだということが言えるだろうか。実際、そのようなことはありうる。それは、裏切ったり嘘をついたり責め苦にあわせることが自分自身の内面の支配的な情念になっているという場合である。そして、こうしたことは、ごく少数の者だけに起こるのではない。ただ、当の本人が、そのようなことをわざわざ発見しようとしないだけなのである。

　しかしながら、他の多くの人々にとって、これら抑圧された傾向は支配的というほどでもない。それらは意識化されてしまえば、正反対の情念と葛藤状態に入り、往々にして、引き続く闘争のなかで負けてしまうのである。気づきはこの葛藤が際立つための条件である。もちろん、それらを意識化すれば、それだけで先の抑圧された渇望が解消されてしまうというわけではない。

⑤　みずからの悪を受け入れ、克服する

第五のアプローチは、思考と感情を、生きるうえでのさまざまな目標に集中させることである。たとえば以下の事柄を克服すること、すなわち貪欲、怒り、幻影、恐怖、所有欲、ナルシシズム、破壊性、サディズム、マゾヒズム、不正直さ、真正性の欠如、疎外、無関心、ネクロフィリア〔死への愛〕、男性の家父長的支配ないしそれに対応する女性の服従など、これらを克服することに集中する。そうして、自立を達成し、批判的に思考し、与え、愛することができるようになる、というアプローチである。このアプローチは、これらの「悪い」性格特徴のいずれかが無意識的に現前しているときにそれを暴露しようとすることで、また、それらが合理化される仕方、性格構造全体の一部を形成する仕方、それらが発達する条件などを明らかにしようとすることで果たされる。その過程は、しばしばとても苦痛に満ちたものになり、不安を大きくかき立てることもある。それは、自分が愛と誠実さに生きているときに、

みずからの依存性に気づくよう要求してくる。自分は優しくて人の役に立つ人間だと信じきっているときに、われわれの虚栄心（ナルシシズム）に気づくよう要求してくる。正義感から罰を下すよう求めているときに、みずからの破壊性を発見せよと要求してくる。自分は慎重で「現実主義」的なのだと確信しているときに、臆病さに気づくよう要求してくる。普通では考えられないほど謙虚に振る舞っていると信じているときに、みずからの傲慢さに気づくよう要求してくる。誰も傷つけたくないという願望に動機づけられているだけだと考えているときに、自由になることへの恐怖に気づくよう要求してくる。失礼になるようなことをしたくなかったのだとばかり考えているときに、自分の誠意のなさに気づくよう要求してくる。努めて客観的になろうとしていると考えていたら、信念をころころ曲げる傾向があることに気づくよう要求してくる。つまるところ、ゲーテも書いているように、「思いつくだけの犯罪を並べ立て、自分がその犯人であることを想像」し、そしてそれをやるつもりになってみる。これができるようにならなければ、自分は仮面を落とし、自分の正体に気づく作業に取り組んでいるのだと言ってみても、それを納得のゆく仕方で確証することなどできないのである。

自分の友好的性格の持つナルシシズム的構成要素や、親切さの持つサディズム的要素を発見した瞬間の、そのショックの大きさは、並々ならぬものがある。その瞬間あるいはその日一日は、自分がまったく価値のない生きもののように感じられる。どこを探してもよいところなど見つからない、そういう存在であるように感じられる。だが、このようなショックで立ち止まることを自分に許さず、分析をもっと進めてゆくならば、かようにショックが大きいということが——自分自身に対するナルシシズム的な期待ゆえに——さらなる分析を阻止しようとする抵抗として機能している、ということが分かる。そして、いま発見した否定的な渇望や努力も、結局のところ、自分の内面にある唯一の動力ではないのだということが分かるだろう。以上のことが当てはまる事例の場合、抵抗に従って分析をやめてしまう可能性が高いのである。

関係性のなかでの精神分析

すでに気づきについての議論のなかで指摘したように、見る能力は〈内と外に〉分割することができない。したがって、自己分析は、社会的・政治的生活のリアリティや他の人間のリアリティへの気づきにも関わるようにしなければならない。実は、他の人間を知ることが自己を知ることに先行するということは、よくあることなのである。年少の子どもは、大人たちを観察しているときに、その見かけの背後にあるリアリティをぼんやりとではあるがすでに感じ取っているのであり、それを通じてやがて仮面《ペルソナ》の奥にある人格《パーソン》というものに気づくようになるのである。大人の場合、われわれはしばしば自分自身のなかの無意識的努力を観察する前に、他者のなかの無意識的努力を観察している。われわれは、他者のなかにあるこうした隠れた領域に気づかねばならない。なぜなら、われわれのなかで起こっていることは、精神内的 intra-psychic であるだけでなく対人的 interpersonal でもあるからだ。したがって、われわれの人格の四つの壁のなかで起こっていることだけを研究してみても、それを理解することはできないのである。つまり、それは、私自身と他者とのあいだで起こっている関係の網なのである。私が自分自身を十全に見ることができるのは、ただ、私の他者との関係のなかに私自身を見、他者の私との関係のなかに私自身を見るかぎりにおいてなのである。

いつも洗脳を受け、批判的思考能力を奪われているというのでもないかぎり、自分自身を錯覚なしに見ることは、個人にとってはさほど難しいことでない。自分では感じたり考えたりしそうにないことも、途切れない暗示と洗練された条件づけの方法から離れているのであれば、感じたり考えたりすることができるようになることはある。二重の課題の背後にある真の意味や、幻影の背後にあるリアリティを見ることができなければ、あるがままの自分自身に気づくことはできないし、そうであると見なされているかぎりでの自分自身にしか気づくことができない。

私は自分自身について何を知ることができるというのだろう。少なくとも以下のことを知らないうちは、自分自身について何も知ることができない。私が知っている自己は総じて合成品であるということ。私自身を含めて、ほとんどの人はそれと知らぬうちに嘘をついているということ。「防衛」といいながら「戦争」を意味したり、「義務」といいながら服従を迫ったり、「美徳」によって「従順」を意味したり、「罪」によって不従順を意味したりすること。両親は本能的に子どもを愛するという理念が、神話になっていること。名声が、賞賛すべき人間的性質に基づいているのはごく稀であり、真の意味での業績に基づいていることすら、あまりないということ。歴史は勝者によって書かれているために歪曲された記録であるということ。過剰な謙遜は、必ずしも虚栄心がないことの証明にはならないということ。愛するということは、渇愛と貪欲の正反対であるということ。誰もが悪しき意図や行為を合理化しようとしており、みずからを高貴で慈悲深い者であるかのように見せかけようと努力していること。権力の追求は、真理と正義と愛の迫害を意味するのだということ。今日の産業社会の中心にあるのは、利己性と〈所有〉と消費の原理であり、愛の原理ではないし、それが喧伝《けんでん》するような生の尊重の原理でもないということ。以上のことを知らなければ、自分自身について知ることもできまい。自分が生活している社会の無意識的側面を分析することができなければ、私が誰であるかを知ることなどできない。なぜなら、私のなかのどの部分が私でないかを知らないことになるからである。

自己分析と努力

以下の節で、私は自己分析の方法に関する一般的注意を述べておきたい。

もっとも重要なのは、瞑想や集中の場合と同様、定期的になされねばならないということである。「気分が乗れば、というのはダメ」である。〝それをやるための時間がない〟と言うのは、〝それを重要と見なさない〟と言っているのとまったく同じことである。時間がないのであれば時間を作ればよい。明らかに、問題は、自己分析をどれだけ重要と見なしているかである。

それゆえ、どうやって時間を作ったらよいかなどということを説明するのは無駄である。付け加えておくなら、私は何も、自己分析が例外を許さぬ儀礼のようなものになるべきだと言いたいのではない。当然それをすることが実際上の理由から不可能であるときもある。そのようなことは目くじら立てずにやりすごしてゆけばよい。要するに、自己分析のプロセスは、強制労働のような性格を持つべきではないのである。それは、しかめ面《つら》をして義務的にやるようなことではないのだ。ただ、あるなんらかのゴールに到達しようとするなら必要になってくる、ということなのだ。結果をまったく抜きにすれば、そのプロセスそれ自体は、解放的であるべきであり、それゆえ楽しみながらやるべきである。たとえそこに、苦しみや痛みや不安や失望が混じってくるとしても。

山登りの情熱に共感できないような人にとって、上昇することは単なる骨折りと苦痛にしか思えないだろう。それから、次のように考える人もいるだろう。そのような不快な状態を自発的に耐え忍ぼうとするのは、マゾヒストだけである、と（山登りを精神分析的に解釈する人のなかにもそう考える人がいるというのを聞いたことがある）。他方、登山家は努力と緊張を否定しようとはしないだろう。それどころか、これは登山家の喜びの一部であるのだから、決してそれを省きたいなどとは思わないだろう。「努力」イコール「努力」ではなく、「苦痛」イコール「苦痛」ではないのである。労働の苦痛と病気の苦痛は異なる。問題は、努力がなされたり苦痛が苦しまれるコンテクスト全体なのである。そして、このコンテクストこそが、努力や苦痛にそれぞれ特定の性質を付与するのである。これは、理解がいくぶん難しいところだろう。というのも、われわれ西洋の伝統において、義務と徳は、厳しい仕事を割り当てる監督者のようなものとなっているからである。実際、ある人が正しい行為をしているかどうかを証明するためにはそれが不快であればよく、逆のことを証明するためにはそれがやりたいことであればよいのである。東洋の伝統は、まったく逆であり、この点においてははるかにすぐれていると言ってよい。それは、厳しくて形式ばった苦行と怠惰でだらしのない「安楽」という二分法を超えている。それが目指しているのは調和の状態である。それは構造化され「訓練」（自律的な意味において訓練）されていることと、生き生きとして、柔軟で、喜びにあふれているということを、同時に実現しているのである。

言語化の困難

二人でおこなう分析と同様、自己分析においても、一番最初から気づいておかねばならない困難が一つある。それは言語化の作用という困難である。

朝、目が覚めて、青い空と輝く太陽を見たとしよう。私はその光景に十全に気づいている。それは私を幸せにし、より生き生きとさせる。だが、この経験は、空とそれに対する私の反応への気づきであり、「今日は美しく晴れた日だ」などといった言葉が頭に浮かんできているわけではない。いったんそうした言葉が形作られ、それによってその光景についての思考がはじまると、経験はいくらか強度を失う。かわりに、喜びを表現するメロディーが頭のなかに浮かんできても、また同様のムードを表現するような絵画が浮かんできても、経験からは何も失われない。

感情の気づきと感情の言語的表現との境目は、非常に流動的である。完全に非言語的な経験はある。そして、それに近いところには、言葉が感情を「運ぶ」器であるようにも見えれば、同時に感情を運ばない器であるようにも見えるような、そういう経験がある。感情はつねに流れており、それは器からあふれ出してゆくのである。言葉の器は、どちらかといえば音譜に近い。それは楽音のための象徴記号であり、楽音そのものではない。感情はそれよりももっと密接に言葉と関連しているかもしれない。ただ、言葉が「生ける言葉」であり続けるなら、それは感情にとってほとんど無害である。ところが、言葉が感情から切り離されてしまうような、すなわち語っている人格から切り離されてしまうような地点がやってくる。この地点において、言葉はそのリアリティを失い、音の組み合わせだけが残る。

多くの人々がこうした変化を経験している。強烈で、美しくて、あるいは戦慄《せんりつ》させられるような経験への気づきが起こったのに、一日もたつと、それを思い出すのに言葉に置き換えねばならなくなり、その感情を正確に記述する文を口にしている。しかし、それはどこか疎遠に響くだけである。感情は、まるで頭のなかにすべて収められているかのように感じられる。それが起こったときに感じられていたこととはなんの結びつきもなく。＊このような状態になると、何かがうまくいっていないという感じがし、内的リアリティに気づくようになったというよりは、言葉を弄《ろう》するようになったという感じがする。感情の知性化をそのかすような抵抗を、分析しはじめなければならない。感情についてのそのような思考は、干渉や妨害を仕掛けるような他の思考と同様に扱われなければならないのである。

自己分析は、毎朝、可能なら同じ時間に同じ場所で、少なくとも三十分はするべきだ。そして、できるだけ外的干渉を排除しなければならない。それは散歩しながらでもできる。ただ、大都市の街路だと、気をそらすものが多すぎるだろう。いずれにせよ、自己分析と、そしてとりわけ呼吸と気づきの「実修」は、何か別の事柄に気を取られさえしなければ、どこにおいてもできるようなものである。地下鉄や飛行機を利用する場合など、何かを待たなければならず「手持ちぶさた」になるような機会は多々あるはずだ。こうした機会はすべて、雑誌を読んだり、お喋りしたり、白昼夢にふけったりするよりも、なんらかのかたちの精神集中・念処《マインドフルネス》のために用いたほうがよい。いったんこのようなことをする習慣が身に付いてしまえば、「手持ちぶさた」になる状況は、自分を豊かにし楽しませる状況なのだから、大歓迎したくなるだろう。

精神分析における自己分析の位置づけ

精神分析に関する文献のなかで自己分析に関する議論がほとんどないということは、驚くべきことである。フロイトの自己分析（夢判断のなかで彼自身によって報告されている）は、他の者にも同じ方向で実験を重ねるよう提案するものだった、と推測することもできる。実際はそうならなかったのだが、それは、おそらく次のような仮定によって説明されるだろう。すなわち、フロイトの像があまりにも偶像化されたために、〝フロイトが誰かほかの人間によって

＊　これに対応するプロセスは、ヘーゲル・マルクス主義的な用語法では、言葉がまだ感情と結びついているうちは「外在化」（*Entäusserung*）のプロセスとして、言葉が感情から独立したときは「疎外」（*Entfremdung*）に至ったとして記述される。

分析されたはずがない、彼の「啓蒙」〔悟り〕は、いわば、ただ彼自身にのみ負っているのである〟と考えることが、極めて自然になってしまったということである。フロイトに関しては、普通の人間と勝手が違うというのである。普通の人間は「創造主」なしでは存在しえないので、フロイト自身、あるいは彼の名において活動する司祭たちは、彼らを啓蒙しなければならない、というのだ。フロイトの例の後に続く者がいない理由がなんであれ、自己分析こそが真に可能性あるものだとしているのは、私が気づくかぎりカレン・ホーナイだけである（Horney 1942）。彼女は症例の記述を通して、急性の神経症的障害とその解決を主題として論じている。その文脈の流れにおいて重要なポイントとなるのは、彼女が自己分析を温かく奨励していることである。もちろん、彼女はそれが困難であることもはっきりと理解していたのだが。

治療効果ある選択肢の一つとしての自己分析がこれほどまでになおざりにされてきたおもな理由は、おそらく大部分の分析家たちが、自分たちの役割と「患者」の役割を、典型的に官僚主義的にとらえてきたという点にあるだろう。一般的な医学でもそうだが、病人は「患者」に変容させられ、治療のためには専門家の助けが必要だという信念が育《はぐく》まれる。[*] 患者が自己治療できるなどということは考えられない。というのも、そのようなことを想定してしまうと、癒《いや》す専門家と患《わずら》う素人とのあいだの〝聖なる官僚主義的差異〟が、実際上、壊されてしまうからである。この官僚的態度は、「正規の分析」〔分析者と被分析者からなる〕のプロセスにおいても大きな害を及ぼすだろう。分析家がもし「患者」を誠実に理解しようと思うのなら、みずからが自分自身の患者とならねばならない。二人のうち自分だけが「健康」で「正常」で「理性的」だと想定されている、などということは頭のなかから消し去ってしまわねばならない。

おそらく、自己分析が不人気であるもっとも重大な理由は、それがとても難しいと考えられている点にある。二人でやる分析の場合、分析家は、患者がみずからの合理化、抵抗、ナルシシズムに対して注意を向けるようようながすことができる。自己分析の場合、自分が何をやっているかにも気づかぬまま、循環に陥り、抵抗と合理化に屈服してしまう危険がある。実際、自己分析が難しいということはいなめない。しかし、そのような困難は、良き生を実現しようとするならば、どんな道を通っても避けられないことである。この困難を、スピノザほど簡潔に定式化した人はいない。彼は『エチカ』の終わり（第五部、定理四二〔の備考〕）で次のように書いている。「私がここに到達するために示した道が非常に困難に見えても、それを見つけることは可能である。確かに困難な道なのだが、それはめったなことでは発見されないからである。救済が手に届くところにあって大きな労をかけずとも見つかるというのであれば、それがほとんどすべての人から顧みられぬままになっているなどということが、どうして起こりうるだろう。しかし、崇高な事柄はどれも困難である。それが、稀にしか見られない分だけ、い

＊　イヴァン・イリイチはこうした状況を批判している（Illich 1976）。

っそう困難なのである」（Fromm 1947 からの引用）。

ゴールにたどり着けるかたどり着けないかが問われているのであれば、こうした困難は落胆を誘うものかもしれない。だが前にも述べたように、完璧さに憧れているのでなければ、そして到着地点でなく正しい方向に向かって歩くという行為に関心があるのなら、困難はそれほど手ごわいものではない。たいていの場合、自己分析は内的透明感と良き生の度合いが増すという結果に終わる。そのために、どんな困難があっても、自己分析の機会を取りのがしたくないと思うようになるくらいである。

自己分析をめぐる誤解

これまで、自己解放を目指すうえで実り多い方法となるという理由から、自己分析を推奨してきた。付け加えておくなら、このように薦めたからといって、それが万人の踏むべきステップだと言いたいのではない。この方法は、私にとっては魅力あるものであった。そこで私は、それを、うまく役立てることができそうなほかの人にも推薦してきた。他の方法でも、集中や静座や気づきなどにまったく同様に有益なものはあり、それを使う人も多くいるだろう。極めて示唆に富んだ例としては、パブロ・カザルスがあげられる。彼は毎日のはじまりに際して、バッハの無伴奏チェロ協奏曲〔正しくは組曲〕を演奏する。それが彼にとってもっともよい自己解放の方法だということに、いったい誰が疑問を差し挟むことなどできるだろう。

　自己分析という方法に関して、まだ読者と私とのあいだに誤解が忍び寄るおそれはある。私が記述してきたプロセスは、毎日の道徳主義的な良心の探求として誤解される可能性がある。つまり、たゆまぬ道徳的前進と有徳な生活のための基礎となるような良心の探求として誤解されるおそれはある。私が倫理的相対主義に反対しているということに、もし読者の批判が向けられているなら、私はその罪を認めよう。私は、恣意的な自由に反対している。〝誰もが「自分のことをやっている」のであってそれに内的価値《ワース》があるかどうかはどうでもよいとして、その「やっている」ことにそれだけで最高の値《ヴァリュー》をつける〟といったことには反対している。しかし、もし非難の矛先《ほこさき》が、〝徳をひたすら追求し罪を恐れるということに熱心に肩入れしている〟ことにあり、そして、〝その基礎である進歩や前進こそが罪そのものなのだという事実を考慮していない〟ということにあるとしたら、私は訴えを退けるだろう。

　この点をはっきりさせるために、次のことを念頭に置かなければならない。自己分析が論じられた際の根本的な立脚点とは、生きるということをプロセスとしてとらえ、固定的段階の連なりとしてはとらえないという立場である。罪を犯しているときに、そこには上昇する運動のための種がはらまれているかもしれない。徳をなしているときに、そこに衰退の種が含まれているかもしれない。ある神秘的原理に説かれているように、「下降は上昇のためにある」。罪を犯すということ、すなわち害をもたらすものというわけではない。達成された事柄のうえで停滞したり安住したりすること、むしろこれこそが有害なのである。

ほかにもまだ起こりそうな誤解があるので、あらかじめ訂正しておこう。自己分析という言葉は自分のことばかり気にするような風潮を助長するものであるように聞こえるかもしれない。つまり、それは自我への執着を取りのぞくという目的とは正反対のことだ、というのである。たしかに、そのような結果に陥る可能性はある。しかし、それは不成功な分析の結果でしかない。自己分析は清めの儀礼のようなものである。というのも、それは、みずからのエゴを気づかうのではなく、むしろエゴイズムのルーツを分析することでエゴイズムから解放されたいと願うからである。自己分析は毎日の行となり、一日のうち自分自身を気づかいながらすごす時間を最小限にとどめられるよう助けてくれるのである。最終的には、十全たる〈存在〉にとっての障害物がなくなってしまえば不必要にもなる。私はこのような状態に至ったことがないので、それについて書くことはできないのだが。

人間における個と普遍のパラドクス

精神分析についてのこの議論を終えるにあたって、さらにもう一つの限定をつけることが必要だと思われる。それは、すべての精神分析の知について当てはまることである。ある人物を心理学的に理解するのに着手するということは、その人のあるがままの本質 suchness に関わるということだ。すなわち、その人の個性全体に関わるということなのである。その人の個性についての像をすべての細部にわたるまで描くことができなければ、〝この特定の人物〟を理解しはじめることなど不可能なのだ。ある人物への関心が表面的なレベルから深いレベルへと移行してゆけば、必然的にそれは個別的なものから普遍的なものへと移行するだろう。この「普遍的」なものは、抽象*ではないし、人間の本能的性質のような限定された普遍**でもない。それは人間的実存の本質そのものであり、「人間の条件」である。そこからさまざまな欲求が流れ出し、そしてそれらの欲求に対してさまざまな答えが出される。また、それはすべての人間にとって共通であるような無意識の内容である。それは、ユングが考えたようななんらかの民族的遺産のおかげで共通しているのではなく、すべての人間の実存的条件が同一であるために共通している。すると、自分自身とその仲間は、「人間」という主旋律《テーマ》の複数の変奏《ヴァリエーションズ》として経験されることになる。そして人間は、生命という主旋律の一変奏として経験されるかもしれない。重要なのは、すべての人間が共有しているものであり、異なっている部分ではない。みずからの無意識に洞察を巡らせてゆくと、われわれは渇望の量的側面においては著しく異なる

* 〔訳注〕多数の個別的なものから引き出された共通性・類似性。
** 〔訳注〕人間は本能によって完全に支配されているわけではないので本能の普遍性は限定的なものである。

ものの、その質においては同一であるということが分かる。無意識をその深層において探求するということは、自分自身のなかにある人類を発見する道であり、他の人間存在すべてのなかに人類を発見する道である。このような発見は、理論的思考に属するような発見ではない。むしろ、情動的経験に属するような発見である。

しかしながら、人間における〈一者〉を強調することが、人間が個人でもあるという事実を非弁証法的に否認することになってはいけない。事実、それぞれの人物はみな独自の個人であり、それまでに生まれてきた誰とも同一 identical ではない（おそらく一卵性双生児 identical twins は例外的に考えなければならないであろう）。東洋の論理においても重要な部分をなしている逆説《パラドクス》的思考だけが、リアリティを表現しきっている。それによると、人間は独自の個体であり、かつ人間の個性はまやかしであり非実在である。人間は「これでもあり、あれでもあり」「これでもなく、あれでもなく」なのである。事実はパラドクシカルである。私自身の独自な個性と別の他者の独自な個性を深く経験すればするほど、私と他者を通して、普遍的人間のリアリティが明らかに見えるようになる。この普遍的人間のリアリティは、すべての個性から自由な、「禅仏教徒の言う、地位も肩書きもない人間」である。

現代社会における個人主義

これらの考察は、個人主義の価値と危険という問題につながる。そしてそれに関連して、心理学的に個人を研究するという問題につながる。現在のところ、個性 individuality と個人主義は、価値観として、また個人的・文化的目標として、高く評価されており、広く称揚されている。このことはまったく明らかであろう。しかし、個性という価値は極めて両義的である。一方において、それは人間の自律的発達を妨げるような権威主義的構造からの解放という要素を含んでいる。権威によって押し付けられた「異物」のような自己を取り入れるのではなく、みずからの真実の自己に気づき、それを発展させるということに自己知が役立つのであれば、それは偉大なる人間的価値を含んでいると言えるだろう。実のところ、自己知と心理学の肯定的側面はあまりにも広く強調されているので、この賞賛にこれ以上の言葉を継ぎ足す必要はほとんどないくらいである。

だが、個性崇拝《カルト》の否定的側面およびそれと心理学との関わりについては、是非とも言っておかねばならないことがある。このような崇拝が起こる理由は明白である。個性が事実上なくなってゆけばゆくほど、それは言葉のうえで持ち上げられるのである。産業、テレヴィジョン、消費の習慣は、その操作対象たる人間の持つ個性に敬意を表する。銀行の出納《すいとう》係の窓口にはその人の名前が書いてあるし、ハンドバッグにはそのイニシャルが書いてある。車やタバコや歯磨き粉など、品物はどれも似たり寄ったりだが（同価格帯の場合）、品物同士の差異が宣伝され、そのおかげで、個々人が個別の物品を自由に選択しているかのような錯覚がつくり出される。なかなか気づかれないことだが、個性などと言ってもそれらは、せいぜいのところ、さほど重要でない差異の一つでしかない。それというのも、商品にせよ人間存在にせよ、その本質においては特色などなく、どれも個性を完全に失ってしまっているからである。

表面上の個性が、貴重な所有物として珍重される。人々は、たとえ独自の資本を持っていなくても、個性は所有している。個人 individual として存在していなくても、個性 individuality はたくさん所有している。そして、それを開発するのに熱心であり、またそうすることにプライドを持っている。この個性は小さな差異の一つでしかないのだから、彼らはその小さくて些細な差異に、重大で意味のある特色を付与しなければならないのである。

個性崇拝に加担する心理学

現代心理学は、この「個性」への関心を促進し、また満足させてきた。人々は自分の「問題」について考え、その幼児期の歴史を微小な細部に至るまで語って聞かせる。だが多くの場合、彼らが語っているのは自分自身と他の人についての美化されたゴシップであり、洗練度の低い時代遅れのゴシップにならないよう、心理学的な用語と概念を利用しているだけなのである。

このような瑣末な差異による個性という幻影を支えるために、現代心理学はさらにもっと重要な機能を果たす。異なる刺激の影響のもとで人はどのように反応するかを教えてくれるという利点ゆえに、心理学者たちは、他者と自己を操作するための重要な道具となっている。行動主義は、操作術を教える総合科学を作り出した。多くの商社では、パーソナリティ・テストを一つの雇用条件として、雇用内定者に受けさせている。多くの本は個人に、自分自身のパーソナリティ一式の価値や、販売する商品の価値を人に印象づけるためにはどう行動したらよいか教えている。現代心理学のある一部門が、以上のような事柄すべてにおいて利用価値があるとされ、現代社会において重要な役割を担っているのである。

このようなタイプの心理学は、経済的には有益だし、錯覚を生産するイデオロギーとしても有益であろうが、人間存在にとっては、疎外を増す要因となるために有害である。それは、フロイトに至るまでの人間主義的伝統が抱いてきた「自己知」の理念に基づいているふりをするだけに、いっそう欺瞞的である。

適応心理学に対置される心理学は、ラディカル・サイコロジー〔急進的・徹底的な心理学〕である。というのも、それは根底にまで到達しようとするからである。それは批判的である。

なぜなら、意識的思考が、大部分は錯覚と虚偽からなる作り物だということを知っているからである。そして、それは「救済的」である。なぜなら、自分と他人についての真の知は人間を解放し、その良き生に役立つだろうと希望するからである。心の探究に関心を持つ者なら誰でも、これら二種類の心理学が名前以外に共有するものなどほとんどないということ、そしてそれらは正反対のゴールを追いかけているのだということを、強く認識しておかねばならない。

第五部　〈所有〉をめぐって

第十四章 〈所有〉の文化について

モノと行為

生きるということには二つの次元がある。人間は、行為・行動・生産・創造などをする。要するに人間は能動的である。しかし、人間は虚空のなかで行為しているのではない。身体を持たずに行為しているのでもなければ、非物質的な世界のなかで行為しているのでもない。人間はモノを扱わなければならない。人間の行為は、生物的、無生物的を問わず、自分が変容したり創造したりする対象に準拠しながらなされるのである。

まず最初に人間が扱わなければならない「モノ」は、自分自身の身体である。その後で、人間は他のモノを扱う。燃料にしたり住居を作るための木、食用のための果物・動物・穀物、衣服のための綿や毛など。文明が発達すると、人間が扱わなければならないモノの領域は、何倍にもふくれ上がってゆく。武器、家、書物、機械、船、車、飛行機、こうしたものが存在するようになると、人間はそれらすべてを扱わなければならなくなる。

人間はそれらをどのように扱うのか。それらを生産し、変化させ、他のモノを作るために利用し、消費する。モノそれ自体は何もしない。人間がそれらを組み合わせて、ひとりでに他のモノを生産するように仕向けるのをのぞけば。

モノと行為の割合は各文化によって異なる。現代人の周りにあふれている大量のモノと比べると、たとえば狩人と食料採取者からなる原始時代の部族などは、相対的にほとんどモノを扱っていないと言える。少数の道具、たとえば狩猟のための網と武器、衣服もほとんどなく、いくらか装飾品や器があるものの、定まった住居はない。食物は傷まないうちに早く食べてしまわなければならない。

人間が関与する（あるいは単に取り囲まれている）モノの数と対比して考えなければならないのは、人間の行為の重みである。もちろん、（モノに囲まれている人間も）感じたり、見たり、聞いたりすることはある。というのも、人間の生体は実質的にそれ以外の選択を許さないように構成されているからである。人間は獲物として殺すことのできる動物を見たり、危険を告げる物音を聞いたりする。聞くことと見ることとは、生き残りという生物学的目的に役立つ。だが、人間が何かを聞くのは、生き残るためだけではない。人間は「ぜいたく」として何かを聞くこともある。それは、生物学的な言い方をすれば、生のエネルギーや良き生や快活さを増すという漠然とした意図以外の、特定の生物学的目的に奉仕するものではない。このように目的なしに何かを聞く hear ことを、われわれは聴く listen という。人間は、鳥の歌を聴き、雨のぱらつく音を聴き、人間の温かい声色を聴き、ドラムのエキサイティングなリズムを聴き、歌のメロディを聴き、バッハの協奏曲を聴く。聞くことは、単なる生物学的に必要な反応でなくなり、超生物学的なものとなる――人間的になり、能動的になり、創造的になり、「自由」なものになるのである。

同じことは、見ることについても当てはまる。最古の土器にもある美しい装飾、三万年前の洞窟絵画のなかの動物と人間の動き、かわいらしい顔の表情の輝き、これらをわれわれは、人間の手によってなされた破壊性の恐怖と同様、目にすることがある。そのようなときにも、われわれは、生物学的に必要な行為から自由の領域へと、みずからの内的装置を移行させているのである。つまり、動物的実存から「人間」的実存への移行が生じているのである。同じことは、味覚・触覚・嗅覚など他の感覚についても言える。身体が食物を要求するために何かを食べる必要があるという場合、通常このような欲求のサインとなるのは飢えである。おいしいごちそうを賞味するために何かを食べたいという場合、問題になっているのは食欲である。絶妙な味わいを持った食べ物は、音楽や絵画と同様、文化的発展の産物なのである。嗅覚においても事情は異ならない（系統発生論的に言うと、嗅覚は、最初の方向感覚であり、ちょうど人間の視覚と同じ役割を果たしている）。嗅覚を喜ばせるという楽しみ、たとえば香水を身に付けるなどといった楽しみを、人間は古くから知っていた。それは奢侈《しゃし》の領域にあるもので、生物学的必要の領域にあるものではない。それほどはっきりと認識することはできないが間違いなく存在すると思われるのは、触覚における同じような違いである。誰かほかの人に触れるときのことを念頭に置けば、おそらく十分であろう。品質の識別のために一枚の布に触る仕方と、温かく優しく誰かに触れようとするときのしぐさを比べてみるとよい。

　一方には生物学的必要と本能的衝動があり（これらは相補的である）、他方には自由で喜びに満ちた感覚の行使がある。この違いがはっきりと分かるのは、すべての感覚が総動員される性行為においてである。性は、生物学的必要の未熟な表現でありうる。つまり、そこでの興奮は、駆り立てられたものであり、不自由なものであり、未分化なものであるのだが、それでいて、それは、いかなる生物学的目的にも奉仕しないような、自由で喜びにあふれていて能動的な真の奢侈にもなりうるのである。ここで私がほのめかそうとしているのは、受動的で駆り立てられた行為と、能動的で生産的で創造的な行為という二種類の行為のあいだの差異である。この差異については、あとのほうで、もっと長く論じるつもりである。

　ここで強調したいのは、原始的な狩人のモノの領域は、サイバネティックな人間のそれに比べるとはるかに狭いが、人間的活動の領域においてはそのような食い違いはまったく見られない、ということである。実際、原始人が産業人に比べて、より以上の行為をし、より以上の存在であったと仮定することは、十分、理にかなったことである。原始人の状況について簡単に見ておこう。

原始におけるモノのない豊かな生

まず最初に、しなければならないすべての肉体的仕事を、原始人は自分自身でおこなっている。自分のかわりに働いてくれる奴隷を持っておらず、女性は被搾取階級ではなかった。原始人は、自分のかわりに働いてくれる機械も、そして家畜さえも持っていなかったのである。原始人は、肉体的仕事に関するかぎり、自分自身に依存しており、自分以外の誰にも依存していなかった。そうであるがゆえに、お決まりの反論が出てくる。〝この話は肉体労働については真実だ、しかし、哲学的・宗教的な意味での思考・観察・想像・絵画・思弁に関して、先史時代の人間は、機械時代の人間よりはるかに遅れている〟と。この反論が正しく聞こえるのは、学校教育の向上と知的芸術的活動の向上は比例しているという観念に、私たちが影響されているからである。だが、これは決して正しくない。われわれの教育は、思考の向上や能動的想像力の発達に役立っていないのだ。*

今日の平均的な人間は、自分一人で考えるということをほとんどまったくしない。学校やマスメディアによって提示されたデータを憶えるだけである。自分自身の観察や思考によって知るべきことを、実際には何も知らない。モノを使うのに、思考や技能がさほど必要とされないのである。たとえば電話のようなある種の機械装置は、技能や努力をまったく必要としない。別の種類の機械装置、たとえば自動車の場合、最初にいくぶんか学習が必要とされるが、しばらくするとそれはルーティンになり、個人的努力や技能はごくわずかしか必要とされない。それに、近代人は、教養ある人たちも含めて、宗教的問題や哲学的問題、さらに政治的問題についてすらも、あまり考えてはいないのである。たいていの場合、政治的、宗教的な書物や発言者たちが提供してくれる山ほどの決まり文句のなかから、あれやこれやを採用するのだが、しかし、自分自身が能動的に洞察を巡らせながら思考した結果として、結論が出てくるようなことはまずないのである。自分自身の性格や社会階級にもっともアピールするような決まり文句を、選び出してくるにすぎないのだ。

原始人は完全に異なった状況に置かれている。原始人は、近代的な意味での教育、すなわち教育機関において相当量の時間を費やすという意味での教育を、ほとんどまったく受けていない。観察し、そこから学習するということを、原始人はいやおうなく強いられている。天気や動物の行動や他の人間の行動を観察しなければならない。原始人の生活・生命は、特定の技能を獲得するかどうかにかかっている。そして、その獲得は、自分自身の行動と行為によってなされるのであり、「二十のクイック・レッスン」を受ければそれですむというものではない。

* 学校制度についてのラディカルな批判としては、I. Illich 1970 を参照せよ。

原始人の人生は、絶え間ない学習のプロセスなのである。原始の狩人がおこなっている広範囲におよぶ精神活動を、W・S・ロフリンは簡潔に描いている。

原始人が自然界の知識において洗練されているという仮定を支持する資料は十二分にあるが、体系的研究となると、驚くべきことにほとんど見当たらない。その洗練された知識は、哺乳類、有袋類、爬虫類、鳥類、魚類、昆虫、植物からなる巨大な動物世界すべてを包み込むほどである。潮汐《ちょうせき》や気象現象一般や天文学、その他さまざまな自然界の側面についての知識も、集団同士のばらつきがその洗練さの度合いや範囲や得意分野においてあるものの、やはり発達していたのである。……ここでは、狩猟の行動体系とその人間進化にとっての意義という点に関して、このような洗練がどれほどの妥当性を持っていたかを引き合いに出すにとどめよう。……狩人であった人間〔男〕は、動物の行動と解剖学を学習した。もちろん自分自身についても学習した。人間がまず最初に飼いならしたのは、自分自身であり、その後、他の動物や植物へと転じていった。この意味で、狩猟は、学習のための学校であり、そのおかげで人間という種は、独学する種となったのである（W. S. Laughlin 1968〔出典不明〕）。

文明化された人間の精神活動に関する歪曲された評価のもう一つの例としては、読み書きの技術があげられる。現代人は、この技術をマスターすることは進歩の証拠であると信じてやまない。非アルファベット表記を根絶するために、最大限の努力が傾けられている。まるで、非アルファベット表記が精神的欠陥の証拠であるかのようだ。国民の進歩の尺度は、自動車の数はさておき、読み書きのできる人々の割合となっている。そのような価値判断が無視しているのは、読み書き能力が限られた祭司・学者集団に独占されているか、あるいはまったく存在していないような民族の場合、並外れた記憶能力が存在するということである。ヴェーダや仏教経典や旧約聖書や後代のユダヤの口頭伝承が、文字に起こされるまえに数百年にもわたって世代を超えて忠実に伝達されていたということは、近代人にとっては理解しがたいことだろう。逆に、たとえばメキシコの農民などを観察して分かったのだが、読み書きできるにもかかわらず、あまり頻繁には読み書きをしない人々もいる。彼らの記憶能力は格別によい。なぜなら、彼らは物事を書き記そうとしないからである。

似たような観察は、誰でも自分一人でおこなうことができる。何かを書き記すやいなや、記憶するのに必要な労力はいらなくなる。いわば頭のなかにデータを刻み込む必要がなくなるのである。というのも、それを、羊皮紙・紙・テープなどといった補助器具に蓄えてしまうからである。このようにして、記憶能力は実用の機会を失ってしまう。今日、人々は、能動的に思考することをほんの一かけらであっても避けようとする。たとえば、商店の販売員は、数字を三つ足し算するのにも機械を使い、それを自分自身ではおこなわないのである。

原始人のほうがより偉大な活動をおこなっているという法則は、芸術の分野にも見られる。原始の狩人と食料採取者は、三万年前に、動物と人間からなるすばらしい情景を描いている。そのいくつかは、南フランスや北スペインの洞窟に、よい状態で保存されたまま私たちの前に現れた。このような美しい絵画は、ここ数世紀、偉大な画家の絵画に慣れ親しんできた近代人にとっても、やはり喜びである。だが、洞窟絵画を書いた人は天才だった（前回の氷河期におけるダ・ヴィンチでありレンブラントであった）と言うことはあっても、それと同じことが、最古の先史時代にまでさかのぼって土器や道具の装飾に関して言われることは、まずないだろう。しばしば言われるのは、このような装飾のみならず洞窟絵画も、実際的・呪術的な目的を持っていたということである。すなわち、狩りの成功や悪霊との戦いなどに役立てるという目的である。だが、もしそうだとしても、いかなる実際的目的があったとしても、ここまで美しく作られる必要はなかったはずである。すべての村落に独自の装飾様式があったということ——しばしばほんの少しの差異が施されていた——は、これらの人々が能動的な美的関心を持っていたということを証明している。

ここまでのところ私が語ってきたのは、もっとも「原始的」な文化であり、原始的な狩人と食料採取者であり、少なくとも四万年から五万年近く前の〝賢き現生人類《ホモ・サピエンス》〟*homo sapiens sapiens* の完全な出現以降の彼らの文化についてのわれわれの知識ないし推測である。彼らが自分たちの手で作ったものはごく少数かもしれないが、思考・観察・想像・絵画・彫刻の能力を応用することにかけて、彼らは非常に能動的であった。仮に「モノの領域」と「おこないの領域」の関係を量的に表現するなら、ほとんどの原始人は、〝一対百〟であり、近代人は〝百対一〟になるであろう。*

古代と中世における所有

この二つの極のあいだに多くの変異体《ヴァリエーション》があるということを、歴史は教えてくれる。ギリシア民主主義が開花した時期のギリシア市民は、たしかに狩人たちよりも多くのモノに囲まれていたが、国事に能動的に関わり、非凡なまでにその理性を展開し使用し、芸術的にも哲学的にも活動的であった。ソフォクレスとアイスキュロスの劇がアテネ市民の芸術的才能の涵養《かんよう》に寄与したという事実以上に、その住民たちについて多くを語ってくれるものがあるだろうか。それに比べれば、現代のニューヨーカーは、美的・情緒的に、何と受動的なことだろう。彼らを興奮させている演劇や映画がどんなものか考えてもみるがいい!

＊　この数字は、二つの領域の量的関係を単に象徴的に表現するものと考えてほしい。

〔古代ギリシアの市民と〕若干異なっているが多くの点で似ている生活像を、中世の職人から得ることができる。その仕事は、関心と配慮をもってなされており、退屈なものではなかった。テーブルを作ることは創造的な行為であった。そこにおいて、テーブルは、職人の努力と経験と技能と趣味の子どもであった。しなければならないことの大部分を、職人は自分自身でおこなわなければならなかった。職人はまた、歌や踊りや教会の奉仕などたくさんの共同活動にも能動的に参加していた。農民は、物質的にはもっとずっとひどい状態にあった。農民は自由人ではなかった。しかしながら、まったくの奴隷でもなかった。畑仕事はあまり多くの満足を与えてくれなかったかもしれないが、特有の民俗文化に根差した、文化的には豊かな生活に参加しており、またそれを享受していた（ここではとくに、十六世紀に農民の立場が悪化する以前の時期のことを念頭に置いている）。農民にしろ職人にしろ、他人が努力したり楽しんだり苦しんだりしているのを見ているだけではなかった。彼らの生活を満たしていたものは、何であれ、大部分は彼ら自身の行為と経験の産物であった。農民に比べれば、経済的にも社会的にもはるかに優越していた職人でさえ、家や道具をのぞけば、さほど多くを所有してはいなかったし、自分の社会階級の伝統的生活水準を維持するのに必要な分しか、稼がなかったのである。職人は、より以上のものを所有したり消費したりすることを望まなかった。富の獲得ではなく、自分の能力を生産的に使用し、〈存在〉を楽しむことこそが、職人のゴールだったからだ。

生産しない近代人

サイバネティックな社会に生きる現代人は、星の数ほどの多くのモノに取り囲まれている。現代人がそれらの大部分を生産したのは確かである。だが、それは本当だろうか。巨大な工場の労働者一人ひとりが生産しているもの、それは無である。たしかに、労働者は、自動車や電気冷蔵庫や歯磨き粉の生産に参加している。だが、ある種の作業工程に依存して、ねじやモーターやドアを取り付けるなどといった少数の型通りの運動をおこなっているだけなのである。作業工程の最後に位置する労働者だけが、完成された製品を目にすることができる。他の労働者は、それが通りを走っているのを見るだけである。彼らはそれよりも安い車を手に入れ所有する。当の高級車は、他のもっと裕福な人々によって乗り回されており、彼らはそれを眺めるだけである。一人の労働者が一台の車を生産しているということは、抽象的な意味においてしか言えない。まずは、機械が車を生産したのである（そして車を製造する機械は、他の機械によって製造されたのである）。労働者——全人ではなく生ける道具としての——が生産に加わるのは、機械にはまだできないような仕事（あるいは単に機械でやると高くつく仕事）の実行に関わる場合なのである。

エンジニアやデザイナーは、自分たちが車を生産したのだと言い張るかもしれない。だが、実際にはそれは真実ではない。彼らが自分に割り当てられた分に関して貢献を果たしたというのは本当かもしれないが、彼らが車を生産したのではないのだ。突き詰めてゆくと、重役や経営者の地位にある者が、自分が車を生産したのだと主張し出すだろう。自分が全工程を指揮したのだから、自分が車を生産したのだという考えである。ところが、この主張は、エンジニアの主張よりもさらにもっと疑わしい。物理的存在として、経営者が本当に車の生産にとって必要だったのかどうかはあやしい。経営者の主張は、兵士たちが要塞を占領し戦場で闘ったということが極めて明らかなのに、自分が占領し勝利に導いたのだと言い張る将軍の談話と同じくらい、疑問の余地がある。兵士たちが移動し攻撃し、負傷したり死亡したりしたのであり、その間、将軍は、計画を練ったり、計画の的確な実行を見守ったりしていたのである。戦闘の勝因が、勝った側の将軍よりも相手側の将軍の無能さにあったという場合も、つまり、勝利は敵の落ち度によって勝ち取られたという場合も、ときにはあるのだ。ここで問題となっているのは、指揮管理という職能の、生産にとっての役割である。これについて、私は次のことを指摘するだけでこれ以上は深入りしない。経営者にとって、車は、組み立てラインをあとにするとき、車としての物理的出現から一つの商品へと変容する。このことは、その車がその真の使用価値のために、経営者の関心を最初からひいていたわけではなかったということを意味する。

経営者の関心をひくようになるのは、そらぞらしい〝使用価値〟が、広告によって吹聴《ふいちょう》されるようになってからである。広告は、セクシーガールから「雄々しい」車の外観に至るまで、あらゆる種類の不適切なデータを用いて、予想購買者の頭を惑わすのである。商品としての車なら、ある意味で経営者の生産物である。経営者が、利益を生み出すような特徴を現実の車につけるよう命令し、その結果、車は特別なセールス・アピールをまとうようになるのである。

　近代人は、それ以前の人間がかつてなしえたよりも大きな効果を、物質世界において生み出すことができるようになった。だが、これらの効果は、そのために投資される物理的知的努力と、完全に切り離されている。馬力のある自動車を運転するのには、肉体の力強さも、特別な技能や知性も必要ない。飛行機を飛ばすのには、大変な技能が必要となるだろう。それに比べれば、水爆を落とすのにはほとんど技能など必要ない。実のところ、現在でもかなりの技能と努力を要する活動はいくつかある。職人、医師、科学者、芸術家、熟練労働者、パイロット、漁師、園芸家などの活動、そのほか似たような職業や専門職などの活動である。しかしながら、こうした技能を必要とする活動は、どんどん少なくなっている。大多数の人間は、ほとんどいかなる種類の知能や想像力や集中力も必要としないような仕事で、生計を立てているのである。物的効果（結果）は、もはや人的努力と釣り合っていない。そして、このような努力（技能）と結果の乖離こそ、近代社会のもっとも重大で病原的な特徴なのである。それというのも、それは、努力の価値を引き下げ、努力の意義を最小限のものにしてしまう傾向があるからだ。

そこで、われわれは最初の結論に到達せねばならない。すなわち、一般的に受け入れられている見解とは逆に、近代人はみずからの世界に関して基本的にひどく無力である、という結論である。近代人が力強く見えるのは、単に、法外なまでに自然を支配したからなのである。だが、この支配は、ほとんど完璧なまでに疎外されたものであった。それは近代人の人間的な力の結果などではなく、「メガマシーン」*の結果なのである。それによって、近代人は、さほど大したことをしなくても、またさほど大した存在でなくとも、大したことがなしえるようになっているのだ。

かくして、近代人は機械世界との共棲《きょうせい》的関係のなかで生きていると言うことができる。その一部であるかぎり、近代人は力に満ちあふれた存在である（ように見える）。機械なしに独力で立ち、みずからの力量に頼るならば、幼い子どものように無力となってしまうだろう。だからこそ、機械を崇拝するのである。機械は強さを貸し与えてくれる。機械がなければ人間は不具になってしまうというのに、まるで巨人になったかのような錯覚をつくり出してくれる。他の時代であれば、人間は自分の偶像が強さを与えてくれると信じていたであろうが、これはまったくの錯覚である。人間が自分の強さを偶像に投影しているのであり、それを崇拝することによってそのお返しにある部分が戻ってくるのだ、とは思いもよらなかったであろう。機械の崇拝においても、基本的には同じことである。実際、バアルとアスタルテ**は、人間がそうであろうと考えたものにほかならなかった。預言者の批判するところによれば、偶像とは、木や石の一片であり、偶像の力とは、人間が自分の力を偶像に転移し、その力の一部を取り戻したために生じる力にほかならない。しかしながら、機械は、単なる無能な金属片ではない。それらは現に、便利なモノにあふれた世界をつくり出すのである。そして人間は、現実に機械に依存している。だが、偶像の場合とまったく同じように、それを発明し計画し組み立てたのは人間である。偶像と同様、機械は人間の想像力――この場合は技術的想像力――の産物であり、それは科学と対になることで、現実的に非常に有効なモノを創り出すことができるようになっているのである。ところが、それは人間の支配者となってしまったのだ。

伝説によると、プロメテウスは、人間を自然による支配から解放するために、火をもたらしたという。歴史のこの時点では、人間は自分を解放することにもなるこの火に隷従《れいじゅう》していた。人間は今日、巨人の仮面をかぶってはいるものの、弱く無力になっている。なぜなら、人間が作った機械に依存しているからであり、したがって機械を作り出している当の社会が適切に機

* この言葉は、ルイス・マンフォード（1967）による造語である〔人間なしに機械的に機能する巨大な社会のこと〕。

** 〔訳注〕ともに、古代イスラエル（いわゆる旧約）の預言者たちによって偶像として退けられた古代フェニキアの神々。

能するよう保証してくれる指導者たちにも依存しているからであり、そしてビジネスがうまく稼働しているということにも依存しているからである。人間にとって死ぬほど怖いのは、こうした支えをすべて失うこと、「地位も肩書きもない人間」になること、ただ〈存在〉すること、「私は誰か」という問いを突きつけられることなのである。

要するに、近代人は多くのモノを〈所有〉しており、多くのモノを使ってはいるが、ほとんどまったく〈存在〉していないのである。その思考と感情のプロセスは、使われていない筋肉のように萎縮《いしゅく》してしまっている。近代人は、いかなる決定的な社会変動でも、それが起こることを恐れている。なぜなら、社会的平衡《へいこう》にどんな攪乱《かくらん》が生じても、それは、彼にとっては渾沌《こんとん》か死を意味するものなのだから——肉体的な死でなくとも、みずからのアイデンティティの死を意味するのであるから。

第十五章　〈所有〉の哲学について

「財産」理解をめぐる混乱

次のように論じることは可能であろう。〝ある人が持つものはその人の財産 property であり、誰もが自分の身体を「持つ」のだから、財産は人間の身体的実存そのものに根差している〟と。ところが、これは財産の普遍性を論証するのに十分であるように思えるものの、実はその目的にはまったく役に立っていない。というのも、それは正しくないからである。奴隷は自分の身体を所有しているのではない。奴隷の身体は、その所有者の意志と気まぐれに従いながら、使用され、売られ、破壊されうる。この点において、奴隷は、最高度に搾取されているような労働者とも異なる。労働者が自分自身の身体エネルギーを所有していないというのは、労働者が、自分の労働力を買ってくれる資本所有者にそのエネルギーを売るよう仕向けられてるからだ（しかしながら、労働者には実際、選択の余地がないのだから、資本主義の状況においても、身体の所有は疑わしいと認めねばならない）。私はあるものを所有している、他方で、誰かほかの人が、私の持っているものを使う権利を所有しているというのに。これは、いったいどういうことだろう。

われわれはここで、多くの論争が戦わされてきた問題の渦中に立たされる。すなわち、財産を巡る問題である。それはいまなお多くの混乱をはらんでいる。財産を明確に理解しようとする試みは、私有財産廃止を要求する革命的雰囲気のもと、情熱的感情のせいでかなり混乱させられてきた。多くの人たちが、自分たちの個人的財産は――衣類、書物、家具などなど、場合によっては配偶者さえも――取り去られ、「国有化」されるであろうと考えた*（もちろん、今日のフリーセックス主義者は、実際に、お互いのあいだで妻を「社会化」しはじめている、それ以外の点では政治的に保守的な見解を共有しているのだが）。

マルクスほか社会主義者たちが、個人的な財産や使用物を社会化すべきだなどという馬鹿げたことを提案したことは、決してなかったはずである。彼らが問題にしていたのは、資本の所有権であった。この資本という生産手段によって、資本の所有者は、社会的に望ましくない商品をも生産できたのであり、また労働者に仕事を「与えている」というだけの理由で、その〔劣悪な〕境遇を押し付けることができたのであった。

社会主義者の要求に対する反動として、政治経済学の教授たちが説いたのは、〝財産は、人間本性に内属する「自然」権だったのであり、人間社会と同じくらい古くから存在していた〟ということである。私は、一九一八年と一九一九年に経済史のコースをとり、まったく真剣な気持ちから、二人の（当時は）高名であった教授の講義を聞いた。それによると、資本は資本主義だけに特徴的なものではない、原始的な部族もサクラガイの殻を交換手段として用いていたが、それは彼らが資本を持っていたことの証拠であり、したがって、資本主義は人類と同じくらい古いのだ、と。彼らの原始人から引っ張ってきた事例は、実際まずい選択であった。今日ではもっと事情がよく分かっている。各人がさしあたって必要とする物、たとえば衣類、宝石類、道具類、網、武器、兵器などをのぞけば、ほとんどの原始人たちは私有財産を持っていなかった。事実、私有財産の起源と機能に関する古典的説明では、本質的にはすべてのものが共有されていたということが常識とされている（人類学者たちの見解を、私は『破壊』［1973］のなかで紹介しておいた）。間接的には、教父ですらこの見解を受け入れていた。彼らによると、財産は、人間の堕落に伴って生じた強欲の罪の結果であると同時に、その社会的な矯正《きょうせい》手段でもあった。言い換えると、私有財産は、男性による女性支配や、人間と自然の対立などとまったく同様に、〈堕落〉の結果だったのである。

＊ 一九一九年ミュンヘン発行の『フランクフルト新聞』（いろいろな意味で『ニューヨーク・タイムズ』に匹敵する新聞であった）の、現実離れした記事にショックを受けたことを、私はいまでも鮮明に覚えている。それによると、短命だったバイエルン共和国〔ドイツ革命後、二週間だけ存続した〕の当時の文化相であり、ドイツ最良のヒューマニストでもあったグスタフ・ランダウアは、女性の国有化を命じたというのである！

三つの財産概念

ときに混乱を見せている多様な財産概念を分類しておくと便利だろう。第一に、財産を対象物（生きていようとなかろうと）に対する絶対的権利としてとらえる見方がある。その場合、所有者がそれを生産するために何かやったかということは問題とならないし、それを相続したのか、つまり贈与や遺産として受け取ったのか、それとも窃盗によって獲得したのかなどということも問題とならない。後半の論点は置いておこう。それは、市民社会においては国家と法との関係で一定の留保が必要となる。それをのぞけば、ローマと近代の偉大なる法体系は、上の意味で財産をとらえていた。所有は、つねに国法と国際法によって保障されている。すなわち、根本的には、法を「強制」する暴力によって保障されている。第二の概念は、十八世紀の啓蒙主義哲学においてとくに人気の高かったものである。それによると、あるものを所有する権原*は、それを創り出すために要した努力に基づく。特徴的なのは、ジョン・ロックの考えである。ある時点で誰のものにもなっていない財産（*res nullius*）に労力を加えたら、それは労働した者の財産になる、というのである。ロックの力点は、本来、財産を確立する際に人が演じる生産的な役割に置かれていた。ところが、ある者が確立した財産所有権は、それのために働いていなかった他の者にも自由に転移することができるという留保を、ロック自身が付け足したために、その意義は半減してしまった。ロックがこのような留保を必要とした理由は、はっきりしている。そうしなければ、労働者が自分の仕事の所産を労働者の財産として主張するかもしれないという問題が待ち受けていたからだ（Cf. Bern 1967）。

第三の財産概念は、これまでの本質的に法的な諸概念を超えており、人間にとっての財産の意味に、形而上学的に、また精神的に基礎づけられているようなものである。それは、ヘーゲルとマルクスが広めた財産概念に由来している。ヘーゲルにとって〔『法哲学』四一節と四五節〕、財産が必要とされるのは、「人が、みずからの理念的実存を現実化するために、その自由を外的領域へと翻訳せねばならない」からである。そして、それは、財産が「自由の最初の具体的表現であり、したがってそれだけで〔即自に〕実体的目的として存在するものである」ということに基づいている。ヘーゲルの言明は、表面的な読み方をすれば、私有財産の聖なる性質の合理化にすぎないように思えるかもしれない。だが、実際にはそれをはるかに超えている。十分に理解するためにはヘーゲル哲学の解説が必要だが、紙面の余裕がない。マルクスの問題の定式化は、完全に人に向けられているし、哲学的神秘化をまったく含んでいない。ヘーゲルと同様、財産は彼にとっても人間の意志の外在化であった。だが、創出された財産が作り手の財産でなく、生産手段〔資本〕の所有者の財産であるかぎり、また人間が自分自身の仕事から

＊〔訳注〕ある行為を正当化する法律上の原因。

疎外されているかぎり、財産は自分の財産とはなりえない。社会が共同事業であったとき、そこでは、個人の十全たる発達は、全体の十全たる発達に依存していた。このような条件においてのみ、「私のもの」や「あなたのもの」は、無意味な概念となる。そのような共同体においては、労働それ自体——すなわち疎外されていない労働[*]——は、喜びに満ちあふれたものとなるであろうし、使用対象物から離れたところで成り立つような「所有」は不条理であろう。成し遂げた仕事の量ではなく、その欲求に応じて、万人が享受する（ここで言う欲求とは、もちろん人間の真の欲求のことであり、産業側から来る暗示によって引き起こされた欲求、すなわち合成的につくられ損傷を負った欲求のことではない）。

使用のための機能的財産 vs. 所有のための非機能的財産

根本的に異なっているのは、使用財産（機能的財産）と所有のための財産（非機能的財産）を区別するという点である（もちろん、この二つの類型のあいだには、さまざまな割合の混合形態がある）。ドイツ語では、二種の財産の区別は、二つの別々の言葉を用いることで明瞭となる。すなわち *Besitz* と *Eigentum* である。*Besitz* は *sitzen* に由来し、文字通りには、〝その上に座るようなもの〟を意味する。つまり、この言葉は、法的にも事実的にも、支配や制御の対象となるようなものを指すのである。他方、*Eigentum* はそうではない。*aig* は *haben*（持つ）のドイツ語の語源であるが、数世紀を経るうちに意味を変え、マイスター・エックハルトは、すでに十三世紀に、財産 property にあたるラテン語（*proprietas*）のドイツ語として、それを翻訳することができた。〔英語の〕proper〔固有の〕は eigen に相当するが、それはある人に特有のものを意味する（たとえば「固有名 proper name」など）。〝Eigentum=proprietas=property〟は、したがって、〝特殊な個人としての人格に特有のものいっさい〟を指すことになる。自分自身の身体、毎日使用するモノ、そしてこのように日々慣れ親しむことによって自分の個性が付与された対象、道具や住居さえも――要するに、自分を取り囲む恒常性を持った環境世界いっさいである。

今日のサイバネティックな社会では、すべてのものが短い時間ですたれてしまい、用済みになってしまう。このような社会に生きている者には、毎日の使用物の個人的性格や人格的特徴を認識するなどということは難しいだろう。それらの使用物は、使われるうちに、使っている人の生とその人格《パーソナリティ》を分与されるのである。それらは、もはや生気のないものでも、活気のないものでも、可変的なものでもない。時代をさかのぼると多くの文化（決して原始文化だけではない）で、墓に、まさにその故人の個人的《パーソナル》な所持品や日用品にあたるような財産の数々を、

＊　疎外されていない労働に対するマルクスの態度は、矛盾したものであり続けた。ときおり、彼は、疎外されていない労働が生の最高の成就であると考えていたように思える。しかし、最終的な結論では、自由な時間とそれを疎外されていないかたちで使用することが、生の至高の目標とされている。

いっしょに入れる習慣があったということは、これが真実であることを明証する。近代社会におけるその等価物は、故人の遺志と遺言である。それは故人の死後数年はさまざまな帰結をもたらすであろう。だが、その対象となるのは、個人的《パーソナル》な物品ではない。正確に言うと、非個人的・非人格的な私有《プライヴェート》財産である。故人が所有していたのは、金銭、土地、権利などだったのである。

そこで、われわれは次のように結論することができよう。もっとも根本的な違いは、〝個人的《パーソナル》〟財産と〝私有《プライヴェート》〟財産の違いであり、それは本質的には、機能的財産と非機能的財産（死んだ財産）の違いと同じことである、と。

この違いは、私有財産と公有財産の違いよりはるかに根本的なものである。なぜなら、多くの事例で示されてきたように、公有財産、国有財産、社会化された財産も、それを運営しているのが労働者や雇用者の関心を名目上でしか代表せず事実上は代表していないような官僚たちである以上、私有財産とまったく同様に、強制的かつ疎外的になりうるからである。

機能的財産と死んだ財産は、純粋なかたちで現れることもしばしばあるが、たいていの場合は混ざり合っている。それは以下の例で簡単に示される。もっとも基本的な例は、身体である。

身体はすべての人が持っている唯一の財産である。それは、いわば「自然の財産」である。フロイトが極めて明晰に示したように、排泄《はいせつ》物は、小児にとってはさらにもっと極端な所有形態として経験されるようである。それは小児のもの、つまり小児の身体の生産物なのである。小児は、排泄物を排出するわけだが、この喪失を恐れる必要はない。なぜなら、毎日、前日の損失分が補充されるからである。だが、身体は、「所有物」であるだけではない。それは道具でもあり、それを使用することによって欲求を満たすことができるようなものなのである。さらに、それは、われわれが活用するのに応じて変化する。筋肉は、使わなければたるみ、軟弱になり、極端な場合、使用不可能にすらなる。それと逆に、身体は使えば使うほど強くなり、健康になる（もちろん、ある限界内で）。

家や一区画の土地を持つという場合になると、事情は違ってくる。なぜなら、ここで問題となるのは社会的カテゴリーであり、身体の場合のような自然的カテゴリーではないからだ。ある遊牧民族のことを考えてみよう。彼らは土地を所有していない。一時的にある土地のうえで暮らし、それを使用し、そのうえにテントや小屋を建てる。そして、しばらくすると、その土地を放棄してしまうのである。その土地は、彼らの私有財産でもなければ、共有財産でもない。それは、まったくのところ財産ではなく、使用対象なのである。彼らがそれを使用していたという非常に限定された意味においてしか、「彼らのもの」ではない。同じことは、漁網、槍《やり》、斧《おの》などといった道具類についても言える。それらは、使用される分だけしか所有物とならない。同様の原則は、今日でもある種の共同農場においては存在する。そこでは、個人は土地を所有しない。つまり、そこでは個人は土地を売ることはできず、耕作するかぎりにおいて、また耕作する程度に応じて、それに対する権利を持つだけである。

私有財産のない原始文化の多くでは、同じ原則が男女の関係と結婚制度にも適用されている。ある関係が結婚として社会的に承認されるのは、男女が互いに愛し合い、欲し合い、いっしょに居たいと思うかぎりにおいてである。その関係がこうした機能から離れると、それぞれは自由に別れられる。なぜなら、どちらか一方が他方を所有するという関係ではないからである。*

これと対照的に、法は、制度的財産に関して次のように述べている。私の家や土地、道具や、妻や子どもたちは、私の財産だ。私がそれらに気づかいや好意を抱いているかどうかとは無関係に、私はそれらを持っているのである、と。実際、自分の財産であるところのものはどんなものでも、私はそれを破壊する権利を有している。家を焼くこともできるし、絵画を焼くこともできる、たとえそれが貴重な芸術作品であっても。自分のものをどうしようと他人に説明する義務はない。この法的権利が効力を持つのは、国家がその権力でもって私の主張を支持してくれるからである。

妻と子どもに対する財産権の概念とそれに対応する法律は、歴史の過程において変化してきた。今日では、妻を殺すことは犯罪であり、殺人として処罰される。子どもを殺すことも犯罪と考えられるが、親が子どもに暴行を加えるときの虐待や蛮行は、それが無視できないほど極端なものにならなければ、正当な権威（つまり財産権）の行使の枠内に収まる。にもかかわらず、妻や子どもとの関係には、つねに純粋な所有を超える要素があった。妻と子どもは生き物であり、主人と親密な接触を保ちながら生活する。そして、主人は彼らを必要とし、彼らは主人に喜びを与える。したがって、そこには、法的財産に加えて、機能的財産の要素もあったのである。

資本の形態をとった財産は、法的な所有物・財産の形態としては極端なものである。資本は、たとえば斧のような、所有者によって使用される道具類と違いはないと言うことも可能であろう。だが、斧の場合、それがその所有者の技能に奉仕する、つまり機能的財産として奉仕するというのでなければ、価値あるものとはならない。資本の場合、所有者がそれを使って何もやらなくても、所有者はそれを持つのである。それは投資されなくても価値あるままであり続けるが、所有者がそれを投資すれば、所有者はみずからの技能を使う必要も、釣り合った努力をする必要もなく、利益を得ることができるのである。同じことは、もっとも古い形態の資本である土地にも当てはまる。私を土地の所有者としてくれるような法的権利を私が持っているおかげで、私はまったく努力もせず、自分自身ではまったく仕事をしなくても、利益を獲得することができる。非機能的財産が死んだ財産とも呼ばれるのは、こうした理由からである。

＊　一例としては、ンブトゥスのアフリカ・ピグミー族の結婚があげられる（C. Turnbull 1965）。

「死んだ」ないし非機能的な財産の正当性は、征服や法のなかにある。だが、法そのものが力による後ろ盾によって支えられている以上、征服された財産と法的財産との違いは、相対的な違いでしかない。同様に、法的所有の場合、力が権利を構成している。なぜなら、国家が私の財産権を力によって保障しているのであり、そして国家はそのような力を独占しているのだから。

受動的使用（消費）のための所有vs.能動的使用（生産）のための所有

人間は「所有」なしには実存しえないが、それが純粋に機能的な所有であれば、非常によく実存することができる。そして、人間が、〝賢き現生人類《ホモ・サピエンス》〟*homo sapiens* として出現して以来、その歴史の最初の四万年前後は、そのようによく実存してきたのであった。あとで論じるように、事実、人間が正気でいられるのは、機能的財産を多く持ち、死んだ財産は最低限度しか持っていないという条件のもとにおいてだけなのである。機能的財産は、人間が実存的かつ実際的に必要とするものである。それに対して、制度的財産は、特定の社会経済的環境によって条件づけられた病理的欲求を満足させるものである。人間は、身体・住居・道具・武器・器などを持たなければならない。これらのモノは、人間の生物学的実存にとって必要なものである。ほかにも人間の精神的実存にとって必要なものはある。たとえば、装飾や飾り付けの対象となるもの、要するに芸術的対象や「聖なる」対象、そしてそれらを生産するための手段である。ある個人がそれを独占的に使うという意味においては財産であるが、それらは、機能的な財産なのである。

文明化の進展に伴い、事物における機能的財産も増大する。個人は、スーツやドレスを何着か、家屋、労働を軽減する機械装置、ラジオやテレビの器械、レコードプレイヤーや録音機器、本、テニスラケット、スキー板などを持つようになる。こうした所有物はどれも、原始文化に存在していた機能的財産と違うものにならなければならない必要などない。だが、必要はないが、違うものになることはよくある。所有が、活気と生産性を増すための道具であることをやめ、受動的受容的な消費の手段へと変容した時点で、機能の変化が起こる。〈所有〉が、つねに増大する消費への欲求の満足をその第一の機能とするとき、それは、よりよく〈存在〉するための条件ではなくなり、「所有の保持」と基本的には異ならないものとなった。この言明は奇妙に聞こえるかもしれない。というのも、「保つこと」と「費やすこと」は逆の事柄であるからだ。たしかに、表面だけを見ればそうだろう。だが、その動態を見れば、一つの根本的性質が共有されていることが分かる。吝嗇家《りんしょくか》は、浪費家と同様、その内面は、受動的で非生産的なのである。何物にも何者にも能動的に関わらなければ、生きるプロセスのなかで変化や成長をすることもない。不活発さの二つの異なった形態のいずれかを、それぞれ表象しているだけなのだ。〝所有するために持つこと〟と〝使用するために持つこと〟の区別を提示した以上、使用にも二つの意味があるということを説明しておかねばならない。すなわち、受動的使用（「消費者」）と生産的使用（職人、芸術家、熟練労働者）である。機能的所有は、生産的使用を狙ったものである。

また、「所有するために持つこと」は、努力なしに獲得するというのとはまた別の機能を持つこともありうる。財産を中心に据える社会において、死んだ財産は、その所有者に権力を授ける。第一に、財産を多く持つ者は、通常、政治的権力をも多く持つ。権力ある人間であるために、偉大な人物のように見えてくる。人々は、その偉大さを賞賛する。なぜなら、恐怖するより賞賛するほうを好むからである。裕福で権力ある者は、他人に大きな影響を与えるために、脅したり買収したりする。そのようにして、名声や賞賛の所有にありつくのである。

この最後の点について、マルクスは美しい分析をおこなっている。

貨幣という媒体を介して私のために存在するもの、私がそのかわりに支払うことのできるもの（つまり、貨幣で買えるもの）それが、貨幣の所有者である私の存在そのものである。私自身の権力は、貨幣の権力と同じ分だけ大きい。貨幣という財産は、私自身の（所有者の）財産であり、権能である。私の有り様、為し得ること、それは、したがって私の個性によって決定されることはまったくない。私は醜い存在であるが、自分のために最高に美しい女性を買うことができる。したがって、私は醜い存在ではない。というのも、醜さという効果、つまり人を遠ざける力は、貨幣によって無化されるからだ。一個人としての私は不具でも、貨幣は私に二十四の脚を提供してくれる。したがって、私は不具ではない。私は卑劣で破廉恥で愚鈍な嫌悪すべき人間だ。しかし、貨幣は尊敬されている。したがって、それを所有するものも尊敬されるのだ。貨幣は最高に善なるものであるから、その所有者も善なるものである。そのうえ、貨幣のおかげで私はわざわざ不正直にならずにすんでいる。おかげで、私は正直者と考えられている。私は愚鈍だが、貨幣は万物の現実的精神である。であるなら、どうしてその所有者が愚鈍であるだろう。それに、貨幣を持っていれば自分のために才能ある人々を買うことだってできる。才能ある者に権力をふるうことのできる者は、彼ら以上に天分に恵まれた者ではないだろうか。貨幣の力によって、人心が憧れるすべてのものを持つことができる私は、人間の能力すべてを所有しているということにならないだろうか。それゆえ、私の貨幣は、私の無能さを逆のものに変えてしまうということにはならないだろうか。

貨幣が、私を人間らしい生活に結びつけ、社会を私に結びつけるような絆だとしたら、そして私を自然と人間に連結するような絆だとしたら、それはあらゆる絆の絆ではないだろうか。それはまた、そうであるがゆえに、分離の普遍的手段ではないだろうか。それは分離と統合の双方の現実的手段であり、社会に流れるガルヴァーニ電気のごとき化学的力なのである。……

実存し活動する価値概念としての貨幣は、あらゆるものを混合させ交換するのだから、それは万物の普遍的な攪乱と置き換えであり、したがって逆立ちした世界である。それは、自然と人間の性質すべてのかき混ぜであり、移し替えなのである。

勇気を買うことのできるものは、臆病者であっても勇敢である。貨幣は、ある特定の性質や事物や特殊な人間的能力のみと交換されるのではなく、人間と自然からなる対象世界の全体と交換される。それゆえ、その所有者の立脚点からは、それは、すべての性質や対象を他のすべての性質や対象と——たとえ両者が矛盾対立するものであっても——交換するもののように見える。それは、両立不可能なものの親交を取り結び、反対のもの同士を包容するよう働きかけるのである。

人間が人間であると想定し、その世界との関係が人間的な関係であると想定しよう。そのような場合、愛は愛としか交換できず、信頼は信頼としか交換できず、等々と続く。芸術を楽しみたいなら、芸術的修養を積んだ人物にならなければならない。他の人間に影響力を及ぼしたいのなら、現実に、他人に刺激を与え、心を動かすような人物にならなければならない。人や自然との関係どれ一つをとっても、それが、自分の意志の対象すなわち現実的で個性的な生の目指すところに即応するような、特別な発現となっているのでなければならない。相手の愛を生み出すことなしに愛するとしたら、すなわち、愛する人物として発現することによって愛される人物になるということができないのなら、その愛は不能であり不運である（Marx 1844）*。

こうした考察から次のような結論が導き出される。私有財産と公有財産（国有ないし社会化された財産）という従来の財産分類は不十分であるばかりか欺瞞的ですらある、と。肝要なのは、財産が機能的であり、したがって非搾取的であるか、それとも死んだものであり、搾取的であるかということである。たとえ、財産が国家に帰属しようとも、あるいは工場で働いている者全員に帰属しようとも、それによって生産をコントロールしている官僚が、他者への命令権を握ることになるかもしれない。実際、使用対象のような純粋に機能的な財産が、マルクスやその他の社会主義者によって、社会化されるべき私有財産として考えられたことは決してなかった。それどころか、機能的財産が万人にとって正確に平等であるかどうかは、問題とならなかった。

＊〔訳注〕邦訳は城塚登・田中吉六訳『経済学・哲学草稿』（岩波書店）の一八二—七頁を参照したが、本訳文は基本的にフロムによる英訳からの重訳である。

ないのである。財産の平等にかくも関心を寄せるということは、社会主義者たちには決して見られなかったことである。そのような関心は、実際には、財産についての次のような精神に深く根差している。すなわち、羨望《せんぼう》にとらわれやすい性質であるがゆえに、そもそも不平等が羨望を引き起こしているのだから、あらゆる不平等をなくしてしまえばいいと考えるような精神である。

中心的論点は、所有が個人の活動と活気を促進させるか、それとも個人の活動を麻痺させ、怠惰や無精や非生産性を促進するかである。

第十六章 〈所有〉の心理学について

この最後の言明〔前章の〕をもって、精神的・情動的な現象としての〈所有〉の議論に入ることになる。

まず「機能的財産」について論じよう。明らかなのは、私が理にかなった仕方で使用することのできるものしか、私は所有できないということである。この所有と使用の組み合わせから、いくつかの帰結が生じる。（一）私の活動はつねに刺激を受けている。なぜなら、使用するものだけを持つということによって、活動的であるよう刺激され続けているからである。（二）所有への飽くなき欲求（貪欲）は、ほとんど発達しない。なぜなら、私が持ちたいと思うモノの量は、私がそれを生産的に使用する能力に応じた量だけに限られるからである。（三）私には羨望を発達させる余地などほとんどない。というのも、自分の持っているものを使うのに忙しいときに、ほかの人が持っているものに羨望を抱くことは、無益なだけだからである。（四）私は自分の持っているものを失うのではないかという恐怖に煩《わずら》わされることがない。というのも、機能的財産は、容易に他のものとかえることが可能であるからだ。

制度的所有は、それとはまったく異なった経験である。それは、機能的な〈所有〉と〈存在〉とは違う、自己と世界についてのもう一つの基礎的な実存様態である。この二つの実存様態は、ほとんどすべての人に見いだすことができる。〈所有〉をまったく経験したことがないような人はほとんどいないだろう。むしろ、〈所有〉だけが唯一自分の知っている経験だという人ははるかに多いだろう。ほとんどの人は、その性格構造のなかで〈所有〉と〈存在〉の様態をそれぞれの仕方で配合している。そして、その配合の仕方が、彼らの性格となる。だが、〈持つこと〉という概念と言葉そのものは単純に見えても、〈所有〉の様態の経験を記述することは難しい。とりわけ、記述が成功するためには、読者は必ず、知的に反応するだけでなく、みずからの〈所有〉に関する情動的経験を動員しなければならない。

フロイトの〈所有〉理論

おそらく、〈所有〉(非機能的な意味における)を理解するためのアプローチとしてもっとも有益なのは、フロイトの極めて意義深い洞察の一つを思い起こすことである。それによると、小児は、単なる受動的な受容性の段階、そして攻撃的で搾取的な受容性の段階を経たあとで、成熟に達する前段階として、〝肛門愛的段階〟とフロイトが呼んだ段階を通る。それはしばしば、人格の発達過程においても支配的であり続け、「肛門的性格」の発達に至ることがある。

フロイトがリビドー発達の特殊な段階を一次的と考え、性格形成を二次的と考えたという点は、この文脈ではさほど重要でない（私の見解は、よりフロイトに近い他の著者、たとえばエリク・エリクソンなどとも同様のもので、関係はむしろ逆だと考えている）。重要なのは、フロイトが、〈所有〉指向中心の状態を未成熟な発達段階に位置づけており、それが永続している場合、病理的なものと見なしたということである。言い換えると、フロイトにとって、〈持つ〉ことと所有にしか関心を抱かないような人物は、神経症的であり、精神的に病んだ人間だということになる。

このような観点は、私有財産を基礎として成り立っている社会のなかでは爆弾発言であったかもしれない。そのような社会の成員は、自己およびその世界との関係をもっぱら所有の観点から経験しているからである。だが、私の知るかぎりでは、ブルジョア社会の最高の価値観に対するこのような攻撃に対して、誰も異議申し立てをしなかった。その一方で、性を悪魔祓《ばら》いしようとするフロイトの控えめな試みに対しては、「品位」を保とうとする人々が一斉にブーイングを浴びせたのである。この逆説を説明するのはたやすいことではない。〝個人心理を社会心理と結びつける者がほとんどいなかった〟という理由によるのか。〝所有の至高の道徳的価値はあまりにも明白なので、誰もこの挑戦を取り上げるものがいなかった〟ということなのか。それとも、〝中産階級の性道徳に対するフロイトの攻撃をそれほど痛烈に非難したのは彼ら自身の欺瞞に対する防衛であったが、他方、貨幣と所有物に対する公衆の態度は完全に正しかったので攻撃的防衛などまったく必要なかった〃ということなのだろうか。

答えが何であろうと、フロイトの確信は間違いなく次のようなものであった。つまり、所有性そのもの――〈持つ〉こと――が不健康な指向性であるということ、とりわけそれが成人においで支配的であるときにはそうであるということ、これがフロイトの確信だったのである。フロイトは、自説を確証するために種々のデータを持ち出してきた。第一に、排泄物が象徴的に、金や持ち物や汚物と等価であることを示す豊富なデータをどっさりと持ち出してきた。このことを確証する言語学的、民俗学的、神話学的データは、たしかに有りあまるほどある。フロイトはすでに一八九七年十二月二十二日付フリース宛書簡*において、貨幣や吝嗇を糞便と連合させている。この象徴的同一性に、フロイトはその古典的論文「性格と肛門愛」(一九〇八)において、さらに多くの事例を付け足している。

何よりももっとも広範に見られるのは、一見あまりにもかけ離れているようだが、金銭への関心と排便という二つのコンプレックスの結びつきである。精神分析を実践してきた医者なら誰もが知っていることだが、ひどく頑固で長期にわたる、神経症患者のいわゆる常習性便秘は、この処置方法〔精神分析〕で治療することができる。その機能の改善が催眠性の暗示によっても起こるということを思い出せば、これはさほど驚くべきことではない。だが、精神分析ではこのような結果に達するために、ただ、患者の金銭コンプレックスを取り上げ、関連する事柄すべてとともに意識するよう誘導すればよい。ここで、金銭をもらさぬよう注意深く溜め込んでいる人物を「汚い」とか「しみったれ」などと呼ぶような一般的語法の指示するところに神経症はならっているだけなのだ、と考えることもできるだろう。しかし、この説明はあまりにも表面的にすぎる。実際は、古代の思考様式が優勢で根強い場合には必ず――たとえば古代文明・神話・おとぎ話・迷信・無意識・夢・神経症などにおいて――金銭は汚れと極めて深い関係に入る。周知のように、悪魔がその愛人に与えた黄金は、悪魔が去ると排泄物に変わってしまう。この悪魔は、抑圧された無意識的本能の擬人化にほかならないだろう。さらに、宝物の獲得と排泄の行為を結びつける迷信も知られているし、「金貨たれ」（*Dukatenscheisser*）の像には誰もが親しんでいる。それどころか、古代バビロニアの教えでも、黄金は「冥土の糞」なのである（富の神《マモン》＝ilu mamman）。このように、神経症が言語の慣用表現に従っているときは、他の場合と同様ここでも、言葉を本来の意義深い意味において受け取っているのであり、また、ある言

＊ Letter 79, *The Standard Edition of the Complete Psychological Works of Sigmund Freud* (S. E.), vol. 1 (London: Hogarth Press, 1966), pp.22-73.

葉を比喩的に用いているように見えるときには、概してもっぱらその古い意味を再現しているのである。

人間の知るかぎりでもっとも貴重な資産と、廃物（"refuse"）として捨てられるようなもっとも価値なきものとの対照が、かえって黄金と糞というかくのごとき特殊な同一化につながったというのはありうることだ*。

注釈の言葉をいくつかつけ加えておこう。バビロニア的思考によれば、黄金は「冥土の糞」であり、その場合、黄金と糞便と死が結びつけられることになる。冥土、すなわち死者の世界では、もっとも価値ある資産は糞便なのである。このことから、金銭と汚物と死者の観念がいっしょくたになったのだ（Fromm 1973）。

フロイトの所有論を超えて

ここで引用した二つの段落から、フロイトが当時の思考法にどれだけ依拠していたかがよく分かる。黄金と糞便の象徴的同一性の理由を探りながら、フロイトは、その同一性のもとには両者の根本的な対照性があるかもしれないという仮説を提示している。つまり、人間の知るうちで、黄金はもっとも貴重で糞便はもっとも価値なき資産である、という鮮やかな対照が、同一性の基礎にあるというのである。フロイトは他の可能性を無視している。黄金が貴重な資産であるのは、経済の基礎を（総じて）黄金に置くような文明にとってであり、このことは、黄金に少しも大きな価値を置かない原始社会には決して当てはまらない、ということである。もっと重要なことがある。人間は黄金をもっとも貴重な資産と考えるものだという社会で流布している思考パターンに従っておきながら、フロイトは無意識的に、黄金は死んでおり、（塩のように）不毛であり、生命を欠いている（宝石類に用いられる場合をのぞけば）という考えを持ち込んでいる。要するに、それは、蓄積された労働であり、死蔵されることを目指しており、機能なき所有物の最たる例なのである。黄金を食べることができるだろうか、黄金を使って何かを育てることができようか（できるとしてら、それは資本に変容されたときだけである）。黄金の持つこのような死んだ側面、不毛な側面は、ミダース王の神話に示されている。彼はとても貪欲であった。そのため、触れるものすべてが黄金に変わればよいのにという願いを持ち、そしてそれは、ついに聞き届けられる。ところが、まさしく黄金だけでは生きられないという理由から、彼は死なねばならなかったのである。黄金の不毛さが、この神話にははっきりと描かれている。そして、それはフロイトが前提していたような最高の価値ではまったくなかった。

＊　この論文が収められているS.E.の第九巻は、ネクロフィリア現象と関係してくるため重要である。Fromm 1973を参照せよ。

フロイトはあまりにも時代の子であり、貨幣と所有の否定的価値に気がつかなかった。したがって、私が上で論じた、肛門的性格という概念に含まれている批判的意味にも気がついていなかったのである。

フロイトのリビドー発達図式の価値はさておくとしても、人間の発達の最初期の段階の一つとしての受容的・所有的段階を発見したということは、大きな意味を持つ。子どもの生活の最初の数年間は、必然的に、自分自身の面倒を見ることができない時期である。そのため、子どもは、環境世界を自分自身の力で、望み通りのものに形成することもかなわない。生産することがまだできないから、受容、搾取、所有などといったことをせざるをえない。したがって、〈所有〉のカテゴリーは、子どもの発達においては、必要な移行段階なのである。だが、所有性が成人になっても支配的な経験のままであり続けるとしたら、それは、生産性に至る正常な発達段階の目標が達成できていないということを意味する。そして、そのような発達上の失敗ゆえに〈所有〉の経験にはまりこんでしまったということを意味するのである。ここでも、他の指向の場合と同様で、進化の初期の段階においては正常であったものが、あとの段階で生じると病理的になるのだ。所有のための〈所有〉は、生産的活動能力の減少に基づいている。そのような減少がどうして起こったかは、さまざまな要因にたどることができる。ところで、生産的活動という言葉によって私が考えているのは、自分の能力の自由で能動的な表現のことであり、ある決まった仕方で行動するよう本能や強迫的欲求によって動機づけられた行為のことではない。ここでは、この議論は取り上げない。さしあたり、次のことを言っておけば十分であろう。生産的活動能力の減少要因は、個人的にも社会的にも、初期における威嚇《いかく》、刺激の欠如、甘やかしすぎなどに求めることができる、と。だが、順序は逆になることもある。すなわち、〈持つ〉指向とその満足があるために、努力が弱くなり、最終的には生産的努力をする能力が弱まる、という具合にである。持つ度合いが多ければ多いほど、能動的努力をすることは魅力的でなくなる。*〈所有〉と内的怠惰は、究極的には悪循環をなし、互いに強化し合うのである。

吝嗇家における〈所有〉指向

指向性全体が〈所有〉指向型になっているような人格の例を見てみよう。それは、吝嗇家の例である。吝嗇家にとってもっともはっきりとした所有対象は貨幣であり、またその物質的等価物、たとえば土地、家屋、動産などである。そのエネルギーの大部分は、こうした対象を保持することに捧げられる。しかも、商業活動や思考活動によってではなく、貯蓄し使わないことによって引き留めておくのである。吝嗇家は、みずからを一個の砦《とりで》のようなものとして経験

＊ 詳細な講義は Fromm 1973 を見よ。

している。何ものもそこから離れてはいけない。つまり、絶対に必要なもの以外にはどんな支出も禁じられる。この「絶対に必要」なものが何であるかは、その吝嗇の度合いによるだろう。

支出をほとんどゼロに抑えるためにおいしい食事やすてきな衣類やきちんとした住居など生活の快適さをすべて捨てるということは、珍しくはないもののやはり例外的である。平均的な人なら、なぜ楽しみをすべて捨てなければならないのか分からないだろう。だが、忘れてはならない。それは実情を言い当てていないということを。吝嗇家にとって、「持つこと」は、美や愛やいかなる官能的・知的快楽よりも甘い快楽なのである。裕福な吝嗇家のイメージは描きにくいこともある。ときおり、慈善行為や芸術のために何百万も出費することさえあるからだ。だが、そのような出費は、（税制上の優遇措置を狙っている場合をのぞけば）社会的地位ゆえに要求されたものであったり、好ましいイメージを振りまくという宣伝価値からなされたものであったりする。他方、郵便料金の不要な出費を抑えるための制御システムを張り巡らすためなら、どんなことでもやりかねない。あるいは、自分の雇っている労働者がその労働時間を一分たりとも失わぬよう、強迫的な努力をするかもしれない（ベネットも、自動車王国を築いたヘンリー・フォードについて次のように報告している。それによると、フォードは、靴下がもうほとんどこれ以上は繕《つくろ》うことができなくなるというときまで履き続け、妻がひそかに新しい靴下を店で買ってくることを恐れ、車のなかで交換し、古い靴下を道の途中で捨てたということである)。

吝嗇家は、モノを溜めるという情熱だけに駆り立てられているのではない。同様に、エネルギーや感情や思考など、その他「持つ」ことのできるものならなんでも溜めずにはいられない。吝嗇家にとって、エネルギーとはみずからが持っているものの固定的な総額であり、再補充することができないものなのである。それゆえ、絶対に必要というのではないエネルギーの出費は、その貯蔵量を減じるので、必ず回避されなければならない。吝嗇家は、不必要な身体的努力を避け、できるかぎり手短なやり方ですべてをすませる。たいていの場合、エネルギー消費量を最大限減少させるための理屈っぽくて規則正しい方法を編み出す。こうした態度は、しばしば性行動において顕著である(ほとんどの場合、この種の発現が顕著なのは男性である)。彼にとって、精液はもっとも貴重な生産物であるが、量的に限られている。放出されてしまえば永遠に失われたままである(知的にはそうでないことを知っていても、それが、精液についての彼の感じ方に影響を及ぼすことなどほとんどない)。それゆえ、最小限度の精液しか失わぬよう、性交渉を最小限度にまで減少させねばならない。他方、彼らの考えによると、「健康」を保つためには、ある一定量の性的活動が必要である。私はこれまで、溜めることと「健康」という二つの要求のあいだの折り合いをうまくつけるためのシステムを開発している男性を相当数見てきた(このようなコンプレックスが、ときどき男性の不能の根っこに潜んでいる)。

同じようなやり方で、吝嗇家は、言葉や感情や思考を溜め込む。感じたり考えたりすることにエネルギーを使いたいとは思わない。このエネルギーが必要になるのは、必要かつ不可避の生の課題に直面したときである。他者の喜びや悲しみに対して、冷たく無関心なまま動じない。ときには自分自身の喜びや悲しみに対してもそうである。また、生き生きとした経験の代替物として、過去の経験の記憶を持ってくる。そのような記憶は貴重な所有物であり、金や牛や株を計算するように、しばしば頭のなかで思い返してみるものなのである。事実、過去の感情や経験の記憶が、自分自身の経験と接触する唯一の形式となっている。感じているのではなく、むしろ〝感傷的《センチメンタル》〟になっているのだ。感傷的という言葉は、ここでは「感情なき感情」という意味で使っている。それは、感じられた感情というよりは、感情についての思考や白昼夢なのである。よく知られていることだが、所有欲が強くて、冷淡で、残酷ですらある人（この三つはいっしょくたになっている）の多くは、現実の人間の苦しみには心を動かされないのに、幼児期のころから覚えていたり、白昼夢で思いを巡らせているような布置の一つが映画に出てきたりすると、涙をぽろぽろと流すことがある。

所有の対象――物・人・自分

これまでのところ、所有対象の違いと、それに対応する所有経験の違いを無視してきた。おそらくもっとも大きな違いは、生きている対象と生きていない対象の違いであろう。金銭、土地、宝石類などの非生物的対象は、その所有者に刃向かってこない。立ち向かってくるのは、安全かつ安心な財産所有をおびやかす社会的政治的諸勢力だけである。こうした安寧のもっとも重要な保障は、法であり、そしてそれを有効なものとする国家の実力行使である。内的安寧の基礎を所有に置いている者は、必然的に保守的となり、国家の力の独占を弱めようとする運動に猛烈に反対する勢力となる。

　生き物、とくに人間を所有することに安心を覚えるような者の場合、状況はもっと複雑である。彼らもまた、国家の法律「執行」能力に依存しているが、他方で、所有されたくないと抵抗する人間存在の力にも直面している。〈所有〉されコントロールされるモノに変容させられてしまうことへの抵抗に、直面するのである。この言明に疑問を抱く者がいるかもしれない。そういう人は次のような事実を指摘するだろう。何百万という人々が支配されることに満足している、実際、彼らは自由よりコントロールされることを好むのである、と。『自由からの逃走』（Fromm 1941）において、私自身、この「自由への恐怖」と不自由の魅力を指摘しようと試みた。だが、明らかな矛盾は解消されえない。安心を〈持つ〉のではなく自由で〈ある〉ということ、これは、〈存在〉の冒険へと繰り出す勇気のない者にとっては恐るべきことである。そのような者は、圧制が圧制でないかのように見えたり、支配者が情け深い父親の姿をまとったり、自分がコントロールされるモノでなく導かれる愛《いと》し子であるかのように感じられたりすれば、喜んでその自由を手放すだろう。だが、このような偽装が用いられず、所有対象となっている者が自分の身に何が起こっているかに気づけば、その最初の反応は抵抗であり、それはあらゆる形態とあらゆる手段を伴ってなされるであろう。子どもは無力という武器をもって抵抗する。破壊活動と妨害活動、もっと具体的に言えば、その武器となるのは、おねしょ、便秘、癇癪《かんしゃく》などである。無力な階級はときどき、破壊活動や効率低下をもって反発するが、歴史に示されているように、しばしばあからさまな反乱や革命によっても反発するのであり、そしてそれが新しい発展のための産みの苦しみともなるのである。

支配に対する戦いがどのような形をとっても、それは支配したいと思う者の深層に影響を与える。支配者は、他人を支配したいという情熱的な努力に向かわずにはいられず、この衝動が情欲をたたえた激情と化してゆく。人間存在を所有しようとする（「持つ」）試みは、必ずサディズムを発達させる。それはもっとも醜く、もっとも倒錯した情念の一つである。

〈所有〉の究極的対象は、自分自身である。〝I have myself〟（「私は楽しい」、直訳すれば「私は自分自身を持っている」）という言葉の意味は、私が私自身で充たされており、私が持っているものが私であり、私は私であるところのものを持っているということである。この種の人格を真に代表するのは、徹底したナルシシストである。そのような人のなかにつまっているのは、自分だけである。全世界が、自分の所有する何かに変えられてしまう。ナルシストは、その所有物の領域に融合されるような対象をのぞけば、自分自身の外部の何物にも何者にも興味を示さないのである。

〈持つ〉様式の一つとしての消費

〈持つ〉経験と根本的に似ている経験の様態は、消費である。この消費においても、機能的（合理的）と非機能的（非合理的）とに区別することは容易にできる。

私がものを食べるのは、私の身体が食物を欲していると空腹感が知らせるからだ、あるいは食べることが好きだからだ、という場合、この食事は機能的であり合理的である。それは、教育された味覚をも含んだ私の生命体全体の健康な働きに役立つという意味で、機能的かつ合理的なのである。* だが、貪欲や抑鬱や不安から食べすぎてしまう場合、それは非合理的である。それは有害であり、生理学的、精神的に私の成長を促進しない。貪欲に起因しており強迫的性格を持っているような消費すべてに、このことが当てはまる。すなわち強欲、薬物嗜癖《しへき》、今日の消費主義、性的消費などである。現代では大きな快楽をつくり出してくれるように見える性的情熱も、実際には単なる貪欲の表出であったり、互いをむさぼり食おうとする試みであった

* Fromm 1973における合理性についての議論を参照せよ。

りする。それは、二人の人あるいはそのどちらか一方による、相手を完全に所有し尽くそうとする試みとなっているのである。ひどく熱烈な性的経験を記述する際に、「私たちはむさぼり合った」という言葉が使われることがある。事実、彼らはそうしているのである。飢えた狼のようにお互いをむさぼり合うのである。そこには基本的に、敵対的所有性の雰囲気が立ちこめており、喜びの雰囲気はない。まして愛なきことは言わずもがなである。

人や食べ物や他のもので自分を満たすということは、所有と持つことの比較的古代的な形態である。後代になると、私が持つことのできる対象は、上位の力や策略などによって、私のもとから取り去られる可能性を残すようになる。私の所有は、私の権原*を保障するような社会的状況を必要とするのである。

保持しておきたいと思う対象を取り込んでしまえば、あらゆる干渉から守られる。飲み込んでしまったものを奪うことは誰にもできない。このような〈所有〉の第一類型は、小児の口にものを入れようとする行為にはっきりと見ることができる。これが小児にとっては安全に所有するための一番のやり方なのである。だが当然のことながら、物理的対象の場合、取り込みという方法は極端に限定される。厳密に言うと、それは、食用でありかつ生体に有害でないような対象についてしか起こりえない。食人風習《カニバリズム》はそのルーツの一つに当たるかもしれない。人の身体、とくに強くて勇敢な人間の身体が力を与えてくれると信じているのであれば、それを食べるということは、もっとあとの奴隷入手となんの変わりもない。

だが、必ずしも口を経過しないタイプの消費もある。もっともいい例は、私用の自動車である。〝それは機能的財産であり、したがって死んだ所有と同じではない〟と論じることは可能である。私用車が本当に機能的であるというなら、それは真実であろう。ところが、実はそうでないのである。それは、人間の力を刺激したり活性化することがない。それは気晴らしであり、自分自身からの逃避を可能にするものであり、誤った強さの感覚をつくり出し、運転している車のブランドに基づいた同一性《アイデンティティ》感覚を形成するのに役立っている。それは歩くことや考えることから運転手を遠ざける。集中した会話を不可能にするほど操作を要求し、競争心を刺激する。私用自動車に代表されるようなタイプの消費が持っている非合理的で病原的な機能を完全に記述しようとしたら、本を一冊書き上げることになってしまうであろう。

まとめると、非機能的な――したがって病原的な――消費は、〈持つこと〉に類似している。どちらのタイプの経験も、人間の生産的発達を弱め、破壊すらし、活気を奪い、人間をモノに変えてしまう。〈所有〉と非機能的消費の経験は、それと正反対の〈存在〉の経験と対比されれば、なおいっそう明瞭になるであろう。

＊〔訳注〕二一四頁の訳注を参照せよ。

第六部　〈所有〉から良き〈存在〉へ

第十七章　〈所有〉から良き〈存在〉へ

〝well-being〟〔良き存在、良き生〕（本書の冒頭で定義された意味での）――道具としてではなく一人の人格としてよく機能していること――を、努力して到達すべき最高目標に据えたら、目標達成のための二つの具体的な道が開ける。すなわち、みずからのナルシシズムの突破と、みずからの実存を取り巻く財産構造の突破である。

ナルシシズムの突破

ナルシシズムとは、自分自身の人格――身体・精神・感情・利害など――に関心と情熱がすべて向かっているような指向のことである。実際、ナルキッソスのように、ナルシシズム的な人間は自分自身と愛の関係にある。もっとも、ただ夢中になることを愛と呼ぶのであれば、の話である。ナルシシズム的な人間にとって十分にリアルであると言えるのは、自分と自分に関係することだけである。外部にあるものや他人に関することは、知覚の表面上でしかリアルでない。それらは、自分の感覚や知性にとってはリアルだが、もっと深い意味において、すなわちわれわれの感情や理解にとってはリアルでない。外部にあるものを、それが自分に影響を与えるかぎりにおいてしか覚知しないのである。それゆえ、愛もなければ、慈悲や共感もなく、理性的・客観的な判断もない。ナルシシズム的人間は、自分の周囲に見えない壁を張り巡らすのである。自分がすべてであり、世界は無である。いやむしろ、自分が世界なのである。

ほぼ完全なナルシシズムの極端な例としては、新生児と精神病者があげられる。両者とも世界と関わることができない（実際には、精神病者は、フロイトその他が仮定したように完全に関わりなき状態にあるのではなく、ひきこもった状態にある。小児はひきこもることができない。というのも、独我論的指向以上のことを、まだ何も開始していないからである。フロイトは、「一次的」ナルシシズムと「二次的」ナルシシズムを区別することで、この違いを言い当てた）。しかしながら、これらの極端な例ほどではないにせよ、成人の健常者もまたナルシシズム的になりうる。この事実はあまり顧みられていない。自分自身はナルシシズム的であることに気がつかなくても、しばしばそのナルシシズムが極めて明瞭である場合がある。自分自身だけを参照しながら、考え、語り、行動する。外界に対して真の興味を示すことなどまったくない。ところが、その「偉大な」人間は、自分自身のことは興味深く感じている。したがって、その偉大さの顕現を、人が楽しんでくれたらいいなとも考えている。そして、自分がそう望むことはまったく論理的なことなのである。自分は知的だ、あるいはウィットに富んでいる、地位が高い、裕福だ、有名だ、そうであるなら自分の露出行為に平均的な人間が不服を唱える道理はない。一方、みずからのナルシシズムを隠そうとする人も多い。そのために、特別に謙虚になってみせたり、へりくだってみせたり、あるいは巧妙なかたちをとると、私的関心を超えた地点にあるように見える宗教的問題やオカルト的問題や政治的問題に関心を抱いてみせたりするのである。

ナルシシズムは、非常に多くの偽装を身にまとい、正体を明かさない。それゆえ、あらゆる心的性質のなかで、もっとも発見しにくいものであると言うことすらできる。大変な労力と細心の注意がなければ、発見はかなわない。だが、それを発見し、かなりの程度にまで落とし込んでゆかなければ、さらなる自己完成への道は閉ざされてしまう。

利己性の突破

ナルシシズムと似てはいるがまったく異なっているのは、財産的ないし〈所有〉的な実存様態の結果として生じる自己中心主義と利己性である。この様態で生きている人は、必ずしも極度のナルシシズムではない。ナルシシズムの殻を突破しており、自分の外側の現実を正しく認識することができており、必ずしも「自分に恋している」状態にはない。自分が誰であり、他者が誰であるかを知っており、主観的体験と現実とをよく区別することができる。にもかかわらず、自分自身のためにすべてを欲しがり、与えることや、分かち合うこと、連帯すること、協力し合うこと、愛することにはなんの喜びも感じない。この人は、閉じた砦であり、他人を疑い、受け取ることに熱心で与えることを惜しむ。総じて、これは肛門―死蔵型の性格を代表していると言えよう。孤独で何ものにも関わらず、その頑固さは、持ち物とそれを保有する安心感のなかに根差している。他方、ひどくナルシシズム的な人物も、利己的であったり自己中心的であったり財産指向であったりする必然性はまったくない。寛大で、惜しみなく与え、優しい人間であるかもしれない。もっとも、この人にとって他人は完全にリアルなものとしては経験されていないという事実が、その性格を語る際に考慮されねばならない。容易に観察できることだが、ひどくナルシシズム的な人間の意識上での衝動は、死蔵したり固守したりすることよりも、寛大に惜しみなく与えることにあるのだ。ナルシシズムと利己性という二つの指向が完全に分化している場合は滅多にないので、成長のためには二重の突破《ブレイクスルー》が必要であるということを認識せねばならない。つまり、みずからのナルシシズムと〈持つ〉指向性とを突破しなければならないのである。

　利己性を克服するための第一条件は、それに気づく能力である。これはナルシシズムへの気づきに比べれば容易である。なぜなら、判断がそれほど歪曲されていないからであり、事実がより簡単に認識され、隠し通すことがそれほど容易ではないからだ。もちろん、みずからの自己中心性を認識することは、それを克服するための必要条件ではあるが、決して十分条件ではない。踏み出すべき第二のステップは、持つ指向性の根に何があるかをよりよく認識することである。たとえば、無力感、生きることへの恐怖、不確実なものへの恐怖、人間不信、その他多くの些細なことが原因となって分厚い根を張り、しばしばそれを掘り起こすことが不可能なほどにまでなる。

他者と関わること

こうした根っこに気づくということも、また十分条件ではない。それに、実践における変化が伴わなければならない。何よりもまず、自分自身に対する利己性の縛《しば》りを解き放ち、緩《ゆる》めねばならない。何かをあきらめなければならないし、分かち合わなければならない。そして、こうした最初の小さな一歩によって生じる不安に耐えなければならない。自己感覚の支えとして機能してきたモノを手放すことを想像すると、自己喪失の恐怖が高まってくるのが実感されるだろう。それが意味しているのは、何らかの所有物を放棄するということだけではない。もっと重要なのは、習慣や慣れ親しんだ考え、地位との同一化、信奉している語句さえも放棄しなければならないということである。また、他人が自分に対して持っているイメージ（あるいは持ってほしいと思い、つくり出そうとしているイメージ）も放棄しなければならない。要するに、朝食のルーティンからセックスのルーティンに至るまで、生活の全領域においてルーティン化した行動を変えようとすれば、うえに述べた事柄を放棄しなければならない。そうしようとするプロセスにおいて、不安がわき起こってくるが、この不安に屈しなければ、不可能と思えることもなしうるのだという自信がわいてくるだろう。そして、冒険心も育ってくる。このプロセスには、自分自身の外に出て、他者と向き合うという試みが伴っていなければならない。これは何を意味するのか。言葉に置き換えるならば、とても簡潔になる。たとえば、〝他者や自然界や思想や芸術や社会的政治的な出来事に、われわれの注意が向かうこと〟と記述することができる。われわれは、みずからの自我の外の世界に「関心を抱く」〔「関わる」〕〝interested〟ようになるのである。それは、interestという言葉の意味においてそうなる。この言葉は、ラテン語の *inter esse* から来ており、自分自身のなかに閉じこもっているのではなく「あいだに存在すること」ないし「そこに存在すること」を意味するのである。「関わり」をこのように展開させることとは、次のような状況にたとえられるかもしれない。ある人がプールを見た。そして、それが何であるかを説明できるとする。その人の説明は正確だが、「関わり」を欠いている。だが、その人がプールに飛び込み、水に濡れ、そのうえでプールについて語るならば、それは異なった人が異なったプールについて語っていることとなるのだ。いまや、この人とプールは、互いに対峙し合っているのではない（もちろん同一になっているのでもない）。関わりを展開させるということは、飛び込むこと、そして部外者や観察者でなくなること、つまり、見る対象から分離された人物のままではなくなるということを意味する。

十全に存在する経験へ

ナルシシズムと利己性の牢獄の柵《さく》を引き下げる意志と決心、断続する不安を受け入れる勇気、これらがあってはじめて喜びと強さがいま見られるような経験が——ときおりではあるが——おとずれるようになる。また、そうなってはじめて、〝新しい要素〟がプロセスの動力源の一つとなる。この新しい経験が、さらに前進するための、そして思い描いた道をたどってゆくための決定的な動機となるのである。そうなるまでは、その人自身の不全感やあらゆる種類の理性的考察が、導き手となりうる。だが、理性的考察は、ほんの少しのあいだしか導き手とはならない。新しい要素が折り込まれなければ、そうした考察も力を失ってしまうであろう。この新しい要素とは、〈十全に存在する〉well-being経験である。それがつかの間のものであろうと小さなものであろうと、それはこれまで経験された何ものにも増してすばらしいと感じられる。そしてそのために、さらなる前進のためのもっとも力強い動機となるのである。それは、前進の度合いが進めば進むほど、それ自体で、ひとりでに、強さを増してゆくのである。

もう一度まとめよう。気づき、意志、実践、恐怖と新しい経験の受け入れ、これらは、個人の変容を成就させようとするなら、すべて必要である。ある時点において、内的な力のエネルギーと方向とが変化する。そのために、個人の同一性《アイデンティティ》感覚もまた変化してしまうほどである。財産による実存様態では、「私は自分の持っているもので在る」が標語であった。しかし、突破《ブレイクスルー》が起こったあとでは、（疎外されていない活動の意味で）「私のなすことが私で在る」になる。あるいはもっとシンプルに言おう。「私は在る者で在る」と。*

＊〔訳注〕神がモーセに対して語ったとされる神の名、「私はありてある者である」＝「ヤハウェ」を、フロムはさまざまな箇所で再三取り上げ、〈存在〉の実存様態を端的に示すものとしている。詳しい記述が、たとえば『ユダヤ教の人間観』（河出書房新社、一九九六年、原題は *You shall be as Gods*『汝、神々のごとくあるべし』）にある。

訳者あとがき

本書の位置づけ

本書は、日本でもロングセラーを誇っている『生きるということ *To Have or to Be?*』（紀伊國屋書店刊）から割愛されたまま眠っていた幻の原稿を編んだものである。『生きるということ』の読者はフロムの次の発言を想起されたい。

現代のサイバネティクス的・官僚制的な産業主義……のなかで生きている人々が、所有の実存様態を突き抜け《ブレイクスルー》、存在の領野を広げるためには、何をすればよいだろう。それについて提案をするのは、本書の射程外である。実際、それだけで一冊の本が必要となるだろう。そのタイトルとしては、「存在の技 *The Art of Being*」が適当かもしれない。だが、良き生 well-being を達成するための方法について書かれた本は、近年になって多く出版されている。なかには有益なものもあるが、それ以外の多くの本は、その欺瞞性ゆえに有害である。それらは、不定愁訴から逃れたいという人々の願望に迎合する新しい市場を開拓してきている。それでも、良き生の達成という問題に真剣に関心を抱いている全ての人に有益であろうお勧めの本はある。それらは、文献目録中に挙げておいた（前掲訳書二三〇頁、なお訳文は変更を加えてある）。

だがフロムは、実はこの本を書いていたのである。それが本書『よりよく生きるということ』（原題は *The Art of Being*）である。上の引用で問題となっている「well-being」は、一般に「福祉」「厚生」「安寧」「満足の行く状態」などと訳されているが、訳出の難しい言葉である。本書ではフロムの文脈に即して「十全な存在」「良き生」などと訳したが、上の引用部分ではむしろ「心の健康」などと訳したほうがしっくりと来るかもしれない。現代の日本でもそうだが、当時の米国では、心の健康に関するポップ・サイコロジー本が好調な売れ行きを見せていた。フロム自身も、「心の健康」には関心を寄せていたが、それを書きすぎてしまうと、通俗心理学と同一視される恐れがある。そうした配慮から、本書はお蔵入りとなっていたのである。

実は、フロムの生前に出版されなかった原稿はかなりあったようである。それらは、ここ数年、フロムの遺稿を管理しているライナー・フンクによって、相次いで刊行されている。他にも、フロム一流の精神分析論である『精神分析の刷新 *The Revision of Psychoanalysis*』や、臨床に莫大な時間を捧げたフロム唯一の症例記録を収めた『聴くということ *The Art of Listening*』などがある。だが本書は、それらのなかでもとりわけ大きな歴史的意義を有するものと言えるだろう。というのも、そこには他の著作ではあまり言及されていなかった論点が、ふんだんに盛り込まれているからである。たとえば、晩年のフロムは、禅やヨーガの実践に日々精進していたと伝えられているが、これまでフロム自身の著作にはそれに関する具体的な記述がなかった。ところが、本書には、リラクセーションや精神集中の仕方からはじまって、精神分析を活用した自己分析に至るまでの事細かな作法——技——が、フロム自身の体験をふまえて語られている。また、本書には、カウンターカルチャーや新宗教への言及などもあり、専門家以外の読者の興味もひくだろう。いずれにせよ、本書は、日本にも数多くいるフロム・ファンにとって、翻訳が待望されていたものである。のみならず、「心の健康」に関心があるが、それに関する浅薄な情報が消費されたり、ニーズに迎合した偽物が横行する状況を憂う人々にも、訴える部分が少なからずあるだろう。

フロムという人

ここでフロムその人について、改めて紹介をしておこう。エーリッヒ・フロム（一九〇〇—八〇）は、ドイツ生まれのユダヤ人で、ナチスの手を逃れてアメリカへ亡命し、そこで活躍した、精神分析学者であり、社会学者である。アカデミズムの世界では、ナチズムの権威主義的パーソナリティを分析した『自由からの逃走』によって、二十世紀の古典的な思想家として認知されている。しかし、アカデミズムの領域を越えた広い知的読者層のあいだでは、むしろ『愛するということ』や『生きるということ』のほうがよく知られているかもしれない。どちらも、学術書の体裁をとっており、決して通俗的な本ではない。にもかかわらず、アメリカやドイツ、そして日本においても、この種の本にしては驚異的な部数が刊行されている。試しに、これらの本の奥付を開いてみてほしい。一年から二年に一度のペースで増刷が繰り返されていることが分かる。アカデミズムの領域では、古典に祭り上げられたまま、最近ではさほど引用されることもなくなっており、研究者もそれほど多くはないが、教養人のあいだではまだまだ大きな影響をふるい続けるだろう。

『自由からの逃走』(一九四一)以外の主著としては、権威主義と対置されるヒューマニズム的な倫理思想を展開した『人間における自由』(一九四七)、フロイトとユングを批判的に乗り越えつつヒューマニズム的な宗教伝統を再評価する宗教心理学の古典『精神分析と宗教』(一九五〇)、与えられる愛より与える愛をというメッセージを伝える『愛するということ』(一九五六)、人間の破壊性に焦点を当てた『悪について』(一九六四)と『破壊』(一九七三)、存在と所有という実存様態の区分を軸に展開された『生きるということ』(一九七六)がある。

『生きるということ』との内容的比較

『生きるということ』との内容的比較は、すでに編者序文において詳述されているので繰り返すまでもないが、あとがきから目を通す読者のために若干の説明をしておこう。『生きるということ』の原題は、『持つべきか、在るべきか』である。論の展開の軸となっているのは、存在指向と所有指向という二つの生き方の分類である。ごく簡単に言えば、所有指向とは所有することに執着し、それなしでは生きてゆけないような状態である。それに対して、存在指向では、所有物がまったくないわけではないものの、それに全面的に依存することがなく、それゆえ他者と共有すること、他者に与えることが可能であるような状態を指す。この分類を持ち出すことによって、フロムは所有指向型の現代社会を批判し、人間本来の存在指向型の生き方を示唆する。そうして、『生きるということ』の末尾では、社会経済的な構造の変革についての提案がなされる。

それに対して、本書では、個々人の心の変革をうながすことに重点が置かれている。編者序文でも触れられているように、心理療法的な思想運動——当時ならヒューマン・ポテンシャル・ムーヴメント、現代でもニューエイジ的なものを含む種々のセラピー思想——の多くが、心の持ちようが変われば世界も変わるという錯覚を醸《かも》し出していることに対して、フロムは批判的であった。フロム自身は、個人の心的性格構造と社会経済的構造を媒介する「社会的性格」の二形態として、所有指向と存在指向を構想していたに違いない。だからこそ、『生きるということ』も、心の変革と社会の変革の両面を含んだものとして構想されていたのである。だが、彼は出版間際になって、他の著述家との差別化をはかるために、「心の変革」を論じた部分――つまり本書に収められている原稿――を割愛した。

したがって当然のことながら、本書は『生きるということ』といっしょに読まれるべきである。本書を読むと、『生きるということ』の目指していたものが、より包括的に理解されよう。いやむしろ、本書を読んだ後で『生きるということ』を読み返すと、『生きるということ』のほうが中途半端に思えてきさえする。というのも、『生きるということ』で示された重要なアイディアは本書においてほとんど提示されているのに、『生きるということ』にはフロムが言いたかった二つの論点のうちの重要な一方が欠如しているように思われるからである。

また、存在と所有をめぐる本書第五部の哲学的・社会学的・心理学的な議論は、フロムの主張の核心部分に当たるものであるが、『生きるということ』では短いかたちでしか示されていなかった。おそらく、フロムは本書に収められている原稿のほうを先に執筆し、本の構成を変える段になって、これらの原稿のポイントだけを『生きるということ』に残したのであろう。

したがって、『生きるということ』では少ししか言及されていなかったことが、本書では十分な長さで展開されている。フロムの言いたかったのはこういうことだったのか、と納得するような箇所は少なくない。このような意味で、本書は『生きるということ』とは独立に完成された作品として読むこともできる。

本書の現代的意義

訳者が本書に取り組みはじめたのは、ちょうどオウム真理教による一連の事件が明るみに出てからである。オウム事件を境に、日本人の多くは神秘主義的な霊性探求を忌避し、日常的な社会生活を充実させ、家族の絆を再確認することを優先させるようになった。心理学の分野でも、意識変容や自己超越を重視するニューエイジ的なトランスパーソナル心理学の勢いが目に見えて衰え、アメリカからの影響もあるが、かえってフロイト以来のトラウマ理論が力を盛り返し、虐待の問題に光が当てられるようになった。「心の健康」よりも「心の傷」がクローズアップされ、自己の成長よりも他者との倫理的関係の修復ないしそれからの脱却がテーマになりつつある。

「霊性から倫理へ」というこうした流れは、当分は続くであろうが、それによって霊性探求への情熱が冷めてしまうとは思われない。というのもこれらの情熱は、現代社会の根本的欠陥への反省に端を発するものであるからだ。それは、環境との調和を無視して自己保存に終始する「個人＝組織」複合体と化した社会そのものへのラディカルな批判を、本来的に含んでいるのである。たしかに、それは「なんでも社会のせいにする」という一面的な発想の肥やしでもあったかもしれない。そして、それは昨今の「なんでも家族のせいにする」という風潮に、バトンを受け渡して商品としての価値をとっくに失っているかもしれない。だが、フロムの批判しているような大量生産・大量消費社会の産業主義、官僚制の難点は、今日においてもなお克服されていない。そうである以上、自我の仮面への執着から、本来的潜在的自己の実現へとブレイクスルーしたいという情熱は消えることがないであろう。

もちろん、そのような希求が単なる反社会性に行き着くのであれば、悪しきナルシシズム、場合によっては第二のオウムをも招来しかねない。問題は霊性か倫理かの二者択一ではない、ということをわれわれは知るべきだろう。むしろ、霊的な自己変容は、他者との倫理的関係のなかでその意義を証《あか》しすることで、はじめて真正のものとなるのである。そして、それは自己と他者の生を充実させるような制度のデザインへの参入と連動している必要がある。

霊性と倫理性・社会性との総合が現代の思想的課題であるなら、神秘主義的要素と倫理的要素と社会改革への情熱を兼ね備えた希有《けう》な思想家であるフロムは、もっと読まれてよい。本書には、意識変容を追求するあまり社会性を失い、非倫理的になることへの警告、あるいは霊的商品を消費しようとするような受動的な〝自分探し〟ブームへの警告が、あちこちにちりばめられている。そうした警告を発しながら、フロムは、堅実な自己反省と自己分析に向かうよう、読者を注意深く誘導する。このようなフロムの姿勢は、フロイトおよびマルクスの倫理的、ヒューマニズム的な側面を突き詰め、それを世界の偉大な宗教的伝統との関連で理解することで発展させようとする、フロムの生涯を通じての努力と深く関わっている。そのような仕方で、霊性と倫理性を統合させてきたフロムの思想は、ポスト宗教・ポスト世俗主義の現代において、今後ますますその意義を増してくるだろう。

フロムという存在は、訳者個人にとっても大きな重みを持つ思想家である。大学に入ってからはじめて参加したゼミで『人間における自由』を読み、それ以来、つねに感化を受けてきた。彼は、心理学と宗教学への興味をかき立て、私の進路を導いてくれた恩師である。フロイトの研究に入ってからも、フロムのフロイト理解の深さには感心させられた。フロイトの精神分析は、人間の自己中心性と破壊性に目を向けつつも、愛と反省を柱として、人間の再生を希望するヒューマニズム思想であるというのが彼のフロイト理解である。人間中心主義の挫折を見据えてなおのヒューマニズム。これは、一般的なフロイト理解には決定的に欠けている着眼である。我が国で、フロムと同様の着眼をもってフロイトを研究してきた人物である小此木啓吾氏の監訳で本書が成ったことは、訳者にとってこの上ない幸運であった。氏の協力がなければ、訳者のような若輩者がフロムの単行本を訳出するなどかなわなかった。

加えて、やはり私のような実績の乏しい者の話によく耳を傾け、本書の出版を精力的に推し進めてくれた第三文明社の佐々木利明氏にも感謝したい。また、訳稿を丁寧にチェックして下さった上越教育大学の葛西賢太氏、東京大学大学院社会学専攻の出口剛司氏、第三文明社の安田理夫氏、校正を担当してくださった五味時作氏に感謝したい（もちろん、最終的な責任は訳者にある）。日本学術振興会特別研究員の前川健一氏には仏教用語に関してご教示いただいた。最後に、家にこもって口もきかずに翻訳の作業にとりかかっている私を元気づけてくれた妻千津と娘美日《みか》にも感謝したい。本書の訳出に着手したのは、ちょうど娘が妻のお腹のなかにいるときだった。本書はフロムの本ではあるが、訳者にとっても自分の子のような存在である。

フロムの思想を受け止め、発展させてゆくであろう、まだ現れぬ人たちすべてに、本書を捧げたい。

二〇〇〇年一月

堀江宗正

文献

Bern, S. I. 1967. "Property," in P. Edwards (ed.), *The Encyclopedia of Philosophy*. New York: Macmillan Comp. and the Free Press, 1967.

Brooks, C. V. W. 1974. *Sensory Awareness: The Rediscovery of Experiencing*. New York: Viking, 1974.

Eckhart, Meister. *Meister Eckhart*, tr. C. de B. Evans, ed. Franz Pfeiffer. London: John M. Watkins, 1950.

——. *Meister. Eckhart: A Modern Translation*, tr. R. B. Blakney. New York: Harper Torch books, Harper and Row, 1941.

Edwards, Paul, ed. 1967. *The Encyclopedia of Philosophy*. New York: Macmillan and the Free Press, 1967.

Fišer, Z. 1968. *Buddha*. Prague: Orbis, 1968.

Freud, S. *The Standard Edition of the Complete Psychological Works of Sigmund Freud* (S.E.), 24 Vols., ed. J. Strachey. London: Hogarth Press, 1953-74.

——. S.E. Vol. 1. *The Origins of Psycho-Analysis* (1954).

——. 1908. "Character and Analeroticism," S. E. Vol. 9. 懸田・吉村訳「性格と肛門愛」、『フロイト著作集5』(人文書院、一九六九年)。

Fromm, E. 1941. *Escape from Freedom*. New York: Farrar and Rinehart, 1941. 日高訳『自由からの逃走』(東京創元社、一九六六年)。

——. 1947. *Man for Himself: An Inquiry into the Psychology of Ethics*. New York: Rinehart and Comp., 1947. 谷口・早坂訳『人間における自由』(東京創元社、一九六九年)。

——. 1951. *The Forgotten Language: An Introduction to the Understanding of Dreams, Fairy Tales and Myths*. New York: Rinehart and Comp., 1951. 外林訳『夢の精神分析——忘れられた言語』(東京創元社、一九五二年)。

——. 1955. *The Sane Society*. New York: Rinehart and Winston, 1955. 加藤・佐瀬訳『正気の社会』(社会思想社、一九五八年)。

——. 1959. *Sigmund Freud's Mission: An Analysis of His Personality and Influence*. Vol. 21, ed. R. N. Anshen. New York: World Perspectives, Harper and Row, 1959. 佐治訳『フロイトの使命』(みすず書房、一九六六年)。

——. 1961. *Marx's Concept of Man*. New York: Frederick Ungar, 1961. 樺訳『マルクスの人間観』(第三文明社、一九七七年)。

——. 1973. *The Anatomy of Human Destructiveness*. New York: Holt, Rinehart and Winston,

1973. 作田・佐野訳『破壊――人間性の解剖』上下（紀伊國屋書店、一九九〇年）。
――. 1976. *To Have or to Be?*, Vol. 50, ed. R. N. Anshen. New York: World Perspectives, Harper and Row, 1976. 佐野訳『生きるということ』（紀伊國屋書店、一九七七年）。
――. 1980. *Greatness and Limitations of Freud's Thought*. New York: Harper and Row, 1980. 佐野訳『フロイトを超えて』（紀伊國屋書店、一九八〇年）。
Hegel, G. W. F. *Philosophy of Right*, Secs. 41,45. 岡田・速水訳『法の哲學』ヘーゲル全集第九巻（岩波書店、一九五〇年）。三浦他訳『法・権利の哲学』（未知谷、一九九一年）。
Horney, K. 1942. *Self-Analysis*. New York: W. W. Norton and Comp., 1942. 霜田・國分訳『自己分析』ホーナイ全集第四巻（誠信書房、一九九八年）。
Illich, I. 1970. *Deschooling Society*. New York: Harper and Row, 1970. 東・小澤訳『脱学校の社会』（東京創元社、一九七七年）。
――. 1976. *Medical Nemesis: The Expropriation of Health*. New York: Pantheon, 1976. 金子訳『脱病院化社会――医療の限界』（晶文社、一九七九年）。
Kierkegaard, S. 1938. *Purity of Heart and to Will One Thing: Spiritual Preparation for the Office of Confession*. New York: Harper and Brothers, 1938.
Lazetto, M. C. 1974. *The Path of the Just Man*, 2nd ed., tr. S. Silverstein. Jerusalem and New York: Feldheim, 1974.

McGuire, W., ed. 1974. *The Freud/Jung Letters*. Princeton: Princeton University Press, 1974. 平田訳『フロイト／ユング往復書簡集』上下（誠信書房、一九七九年）。

Marx, K. "Philosophical-Economical Manuscripts 1844," in E. Fromm 1961.〔ただし邦訳『マルクスの人間観』には掲載されていない。〕城塚・田中訳『経済学・哲学草稿』（岩波書店、一九六四年）。

Mumford, L. 1967. *The Myth of the Machine: Techniques and Human Development*. New York: Harcourt, Brace and World, 1967.　樋口訳『機械の神話』（河出書房新社、一九七一年）。

Nyanaponika, M. 1973. *The Heart of Buddhist Meditation*. New York: Samuel Weiser, 1973.

Spinoza, B. de. *Ethics*. New York: Oxford University Press, 1927.　畠中訳『エチカ——倫理学』上下（岩波書店、一九七五年）。

Grundlagen des Fortschritts bestätigt durch wissenschaftliche Untersuchungen in die Transzendentale Meditation. Los Angeles: Maharishi International University, 1974.

Turnbull, C. M. 1965. *Wayward Servants: The Two Worlds of the African Pygmies*. London: Eyre and Spottiswoode, 1965.

著者略歴

エーリッヒ・フロム Erich Fromm

1900年、ドイツのフランクフルトに生まれる。ハイデルベルク、フランクフルトなどの大学で心理学と社会学を学んだのち、ベルリン大学で精神分析を学ぶ。フランクフルト社会研究所を経て、初期フランクフルト学派を代表する業績を残す。1933年、ナチスの手を逃れてアメリカに亡命。その思想の特徴は、フロイトとマルクスの統合にあり、精神分析に社会学的視点を導入して、いわゆる「新フロイト派」の代表的存在と目される。ナチズムに見られるような権威主義を批判すると同時に、ヒューマニズムの立場から独自の宗教論を展開。ユダヤ教の背景を持っていたが、キリスト教や禅仏教にも注目した。政治的実践活動を経たあと、晩年には再び、人間の破壊性へと分析を深めるようになる。イェール、ミシガン、ニューヨークなどの大学で教鞭をとり、メキシコに移住、1980年スイスで死去。

著作には、『自由からの逃走』『人間における自由』『精神分析と宗教』（以上、東京創元社）、『愛するということ』『生きるということ』『悪について』『破壊』（以上、紀伊國屋書店）などがあり、その他多数が翻訳されている。

監訳者略歴

小此木啓吾（おこのぎ・けいご）

1930年、東京生まれ。慶應義塾大学医学部卒業。慶應義塾大学総合政策学部教授、東京国際大学人間社会学部教授等を歴任。医学博士。精神医学、精神分析学専攻。わが国におけるフロイト及び精神分析研究の第一人者として活躍し、日本精神分析学会会長を務めた。2003年、逝去。著書：『現代精神分析の基礎理論』（弘文堂）、『フロイト——その自我の軌跡』（日本放送出版協会）、『フロイト』（講談社学術文庫）、『モラトリアム人間の時代』（中央公論社）、『家庭のない家族の時代』『自己愛人間』（以上、ちくま文庫）ほか。

訳者略歴

堀江宗正（ほりえ・のりちか）

1969年、茨城県生まれ。東京大学大学院人文社会系研究科（宗教学宗教史学）にて博士（文学）。聖心女子大学文学部准教授、東京大学大学院人文社会系研究科准教授を経て、同教授、死生学・応用倫理センター。著書に『歴史のなかの宗教心理学—その思想形成と布置』『スピリチュアリティのゆくえ（若者の気分）』（以上、岩波書店）、訳書にエーリッヒ・フロム『聴くということ——精神分析に関する最後のセミナー講義録』（第三文明社）、トニー・ウォルター『いま死の意味とは』（岩波書店）・『近代世界における死』（法政大学出版局）などがある。

よりよく生《い》きるということ

2000年2月28日　初版第1刷発行
2025年4月10日　初版第7刷発行

著　者　エーリッヒ・フロム
監訳者　小此木啓吾《おこのぎけいご》
訳者©　堀江宗正《ほりえのりちか》
発行者　松本義治
発行所　株式会社　第三文明社
東京都新宿区新宿1-23-5　郵便番号 160-0022
電話番号　営業代表 03(5269)7144　注文専用 03(5269)7145　編集代表 03(5269)7154
振替口座　00150-3-117823　URL　https://www.daisanbunmei.co.jp/
印刷所　明和印刷株式会社
製本所　牧製本印刷株式会社

ISBN978-4-476-03228-4

単行本／既刊

聴くということ
——精神分析に関する最後のセミナー講義録
エーリッヒ・フロム／堀江宗正・松宮克昌 訳
定価三三〇〇円
フロムの最も重要な遺稿。その精神分析の方法論を初公開。

自我と無意識
C・G・ユング／松代洋一・渡辺 学 訳
定価一一〇〇円
ペルソナ・アニマなど「ユング心理学」の格好の入門書。

精神のエネルギー
ベルクソン／宇波 彰 訳
定価九三五円
「意識と生命」「脳と思考」などをめぐる講演、論文集。

思考と運動 (上)(下)
ベルクソン／宇波 彰 訳
各定価八八〇円
「精神のエネルギー」の続編となる講演、論文集。

LGBTのコモン・センス
——自分らしく生きられる世界へ
池田弘乃
定価一八七〇円
LGBTの言葉を手がかりに、多様な性に関する常識を考察。

育ててわかった 発達障害の子の就学・就労・自立の話
立石美津子
定価一五四〇円
発達障害を理解し、向き合い方を学べる実用的な体験記。

科学と宗教の未来
茂木健一郎・長沼 毅
定価一七六〇円
人類の平和と繁栄に必要な科学と宗教について語り合う。

この社会の歪みと希望
佐藤 優・雨宮処凛
定価一五四〇円
教育、差別、貧困などをめぐり語り合った対談集。

（価格は税込価格）